Jenke von Wilmsdorff
Brot kann schimmeln, was kannst du?

PIPER

W0178977

Zu diesem Buch

Was kannst du? Nichts! Und was willst du später mal werden? Alles! Unrealistischer Blödsinn? Nicht für den einzigen weltweiten Berufetester des deutschen Fernsehens, Jenke von Wilmsdorff. Ob Glühbirnenwechsler in Las Vegas, Rikschafahrer in Mumbai, Paparazzo in Hollywood, Schlagersänger im Zillertal oder Bettelmönch in Kathmandu – Jenke macht alles, egal wo und egal zu welchem Preis.

Jenke von Wilmsdorff war als Schauspieler bei Tatort, in der Lindenstraße und bei der Versteckten Kamera. Seit 2001 schlüpft er für RTL Extra in außergewöhnliche Berufe oder reist in Krisengebiete. Zu seinen bekanntesten Projekten zählt seine Mitfahrt auf einem Flüchtlingsboot nach Lampedusa und seine Woche als alleinerziehende berufstätige Mutter von vier Kindern. Mehr zu Jenke von Wilmsdorff und seinen Reportagen unter: www.jenke.tv und www.facebook.com/JenkesOffizielleSeite

Jenke von Wilmsdorff

BROT KANN SCHIMMELN, WAS KANNST DU?

Meine wildesten Jobs

Piper München Zürich

Mehr über unsere Autoren und Bücher:
www.piper.de

MIX
Papier aus verantwor-
tungsvollen Quellen
FSC® C083411

Originalausgabe
2. Auflage August 2012
© Piper Verlag GmbH, München 2012
Umschlaggestaltung: semper smile, München
Umschlagmotiv: Jenke von Wilmsdorff; Hund: Eric Isselée / i-stock
Abbildungen Innenteil: Jenke von Wilmsdorff; RTL;
S. 10: Birgit Schrowange / MSC Promotion GmbH
Satz: Kösel, Krugzell
Gesetzt aus der ITC Veljovic
Papier: Munken Print von Arctic Paper Munkedals AB, Schweden
Druck und Bindung: CPI – Clausen & Bosse, Leck
Printed in Germany   ISBN 978-3-492-27410-4

EINE LIEBESERKLÄRUNG

Ich widme dieses Buch dir, meiner geliebten, geliebten Mutter.

Du hast mich so werden lassen, wie ich bin, durch deine unendliche Liebe, dein Verständnis, deine Unterstützung und deinen Glauben an mich.

Und dafür danke ich dir.

Ich liebe dich!

Dein Lockenköpfchen

Köln 2011

INHALT

VORWORT

Wir sind ja hier unter uns, oder? Dann kann ich es ja zugeben:

Ich bin Jenkes größter Fan.

Endlich kann ich das mal kundtun, und es folgt eine echte Lobhudelei!

Wir haben uns vor langer Zeit schon bei der RTL-Version der *Versteckten Kamera* kennengelernt. Damals war Jenke noch Schauspieler. Mal spielten wir ein Ehepaar, mal Feuerfrau und Feuerwehrmann, mal Diebin und Polizist. Wir hatten immer sehr viel Spaß dabei, und auch die Zuschauer haben diese Sendung geliebt.

Dann wechselte Jenke die Seiten, wurde Redakteur bei *RTL Extra* und nahm sich vor, die wildesten Jobs der Welt auszuprobieren. Ich habe seine Geschichten mit viel Spannung und Freude verfolgt.

Oft musste ich mich im Studio zusammenreißen, um bei der Abmoderation seiner lustigen Reportagen nicht laut loszulachen.

Aber auch mit den einfühlsamen und spannenden Reportagen, die er überall auf der Welt dreht, beeindruckt mich Jenke immer wieder.

Das sind Geschichten, die er entdeckt und von denen ich zuvor noch nie gehört habe. Den Mut, den er aufbringt, um sich in gefährliche Reportersituationen zu bringen, muss man einfach bewundern, und ich bin immer heilfroh, wenn ich ihn nach so einer Reise wieder in der Redaktion sehe. Dann freue ich mich besonders, denn Jenke bringt mich immer wieder zum Lachen, weil er Witz hat wie kaum ein anderer. Er lacht gern, lacht viel und lacht immer auch über sich selbst. Wie sympathisch und ansteckend.

Ich kenne niemanden, der in so vielen unterschiedlichen Berufen gearbeitet hat wie Jenke. Und er stand nicht einfach nur daneben.

Jenke hat immer mitgearbeitet, eine ganze Schicht lang oder eine Nacht lang oder auch gleich mehrere Tage lang, wenn es der entsprechende Beruf verlangte. Respekt, Herr Graf (so nennen wir ihn in der Redaktion, obwohl er ja nur zur Sorte verarmter polnischer Uradel gehört)!

Ich freue mich sehr, dass er endlich ein Buch geschrieben hat, und muss schon lächeln, wenn ich es nur in der Hand halte. Weil ich weiß, dass es sehr humorvoll ist, bunt und spannend, und weil ich weiß, dass er mir wundervolle Geschichten erzählen wird, von Menschen, die etwas zu erzählen haben. Und von sich.

Viel Spaß also!

Ihre Birgit Schrowange

NA, WAS WILLST DU DENN MAL WERDEN, JENKE?
Wie alles begann – Bonn, Deutschland

Na, was willst du denn mal werden, Jenke?« Wenn ich eine Frage fürchtete, dann diese. Wenn andere Kinder nur so sprudelten und es gar nicht erwarten konnten, »Feuerwehrmann!«, »Astronaut!« oder »Forscher!« zu krähen, fiel es mir schwer, mich zu entscheiden. War doch alles interessant, oder? Aber diese Antwort kam nicht gut an, und so antwortete ich schließlich, Entschiedenheit heuchelnd: »Busfahrer!« Eine Woche später: »Kapitän!«, am nächsten Tag: »Pilot!« Nach mehreren versemmelten Matheklausuren schwenkte ich auf »Botschafter« um. Sehr unterschiedliche Berufe werden Sie sagen, und doch haben Busfahrer, Kapitäne, Piloten und Botschafter etwas gemeinsam: Sie sind immer unterwegs. Ich hatte zwar keine Ahnung, was ich mal werden wollte, aber eines wusste ich: Ich wollte reisen.

Schon als Kind zog es mich raus aus meiner Geburtsstadt Bonn, und zwar dorthin, wo ich die Menschen nicht mehr verstehen konnte, wo es andere Dinge in den Geschäften gab und wo ich mein Eis in einer fremden Währung bezahlen musste. Urlaub in Deutschland war für mich kein Urlaub. Und so nahm ich mir für mein späteres Leben vor, einen Beruf zu ergreifen, der mich reisen lässt. Am liebsten um die ganze Welt.

Irgendwann lag das Schulende bedrohlich nah vor mir, und meine Vorstellungen hatten sich seit der Zeit, in der ich Busfahrer, Pilot oder Botschafter werden wollte, nicht entscheidend weiterentwickelt. Seit ein paar Monaten jobbte ich als Statist am Theater in Bonn. Kleine Rollen, einfach nur rumstehen und beteiligt gucken, ohne Text. Trotzdem fand ich es so spannend, auf der Bühne und Bestandteil einer Geschichte zu sein, die die Zuschauer in eine andere Zeit, eine andere Welt entführt, dass ich plötzlich wusste, was ich werden wollte: Schauspieler. Natürlich in Hollywood und nicht in Deutschland. Klar. Ich wollte ja schließlich verreisen. Mein Englisch war recht gut, und so meldete ich mich bei einem Bekannten in Florida als Jahres-Dauergast an, um dort die Schauspielschule zu besuchen. Ich war überrascht, wie unkompliziert mein Vorhaben startete. Der Bekannte sagte zu, meine Mutter spendierte Flug und Taschengeld, und das Abi hatte ich plötzlich auch in der Tasche. Hollywood, ich komme!

Es war ein bitterkalter Märztag, und die Schneeflocken klebten Flocke an Flocke dicht gedrängt am Flugzeugfenster, als wollten sie unbedingt mit mir verreisen, raus aus diesem unwirtlichen Land ins sonnige Florida. Durften sie aber nicht – und schon beim Start des Flugzeugs mussten sie loslassen, um sich aufzulösen. Florida wäre ihnen aber auch nicht besser bekommen.

Mein Plan war folgender: Im Land der unbegrenzten Möglichkeiten wollte ich mir einen Job suchen, um die hohe Studiengebühr der renommierten Schauspielschule Berghof bezahlen zu können. Neben dem

Unterricht würde ich dann beim US-Fernsehen kleine Komparsenrollen übernehmen, dabei Erfahrungen sammeln und wichtige Kontakte schließen, um mich perfekt auf meine Hollywoodkarriere vorzubereiten. Ich war 19, grenzenlos optimistisch, hatte keine Berührungsängste, war sehr kontaktfreudig und glaubte an mein Glück. Was sollte denn auch schiefgehen?!

In meinen ersten Florida-Wochen lag ich tagsüber an den schneeweißen Stränden, glotzte abwechselnd aufs Meer und auf die vorbeischlendernden Badeschönheiten und erholte mich erst mal vom Abistress. Darin war ich sehr gründlich. Dabei blätterte ich *Variety* und andere amerikanische Filmfachzeitschriften durch, auf der Suche nach Komparsenjobs. Ich musste nicht lange warten. Nach wenigen Tagen bekam ich ein erstes Jobangebot, quasi eine Gastrolle auf dem Nachbargrundstück Eine kleine Rolle als Gärtner, zwar ohne Kameras und Filmcrew, dafür aber gut bezahlt. Ich sollte den großen Garten unseres Nachbarn in Ordnung bringen, den Rasen mähen, Bäume beschneiden, Laub und Dreck wegkehren. Dafür bekam ich zehn Dollar pro Stunde, was sich an manchen Tagen auf bis zu 80 Dollar summierte. So kann es gerne weitergehen, dachte ich, als eines Tages die *Men in Black* leibhaftig vor mir standen, zwei Typen in schwarzen Anzügen und mit Sonnenbrillen. Wow! Die haben es drauf, die Amis, die haben echt ein Händchen für große Auftritte, dachte ich und bekam vor Begeisterung eine Gänsehaut. Waren die vom FBI? Vom CIA, DEA oder einem anderen der 124 Geheimdienste des Landes? Oder waren das schon die ersten Castingagenten auf der Suche nach einem neuen Schauspieltalent?

Ich ging lächelnd, aber betont cool auf sie zu. Sie

grüßten, ich grüßte. Verdammt, die kannten sogar meinen Namen. Das mussten Talentscouts sein, keine Frage. Was ich denn hier machen würde, wollten sie lächelnd wissen. Und ich erzählte ihnen meine Geschichte, die ganze Geschichte, meinen Traum von einer Hollywoodkarriere und dass ich jederzeit bereit sei loszulegen.

Das sei schön, meinten sie und hielten mir ihre Dienstausweise unter die Nase. *Immigration* stand da. Das Filmstudio kannte ich gar nicht. *Paramount* – klar, und *Warner Brothers*, *21ᵗʰ Century Fox* waren mir auch ein Begriff, aber bei *Immigration* musste ich passen. Vielleicht war auch das ein Grund, warum das Gespräch ab diesem Moment eine eher unfreundliche Wendung nahm. Die Herren verboten mir das Rasenmähen und ermahnten mich streng, ohne eine Arbeitserlaubnis dürfe ich in den USA nicht arbeiten. Eine solche Erlaubnis hatte ich nicht; zum damaligen Zeitpunkt war es nahezu unmöglich, eine zu bekommen. Es war ein Teufelskreis: ohne Aufenthaltserlaubnis keine Sozialversicherungskarte – und ohne Sozialversicherungskarte keine Arbeitserlaubnis. Nichts davon hatte ich.

Während ich nach der Erfahrung mit den Robocops nur noch Jobs annahm, die nicht in der Öffentlichkeit stattfanden, empfahl mir mein Bekannter die Heirat mit einer Amerikanerin. »Dann hast du Ruhe, bekommst alle Genehmigungen und darfst, so lange du willst, in diesem wunderbaren Land bleiben.« Ich fand die Idee gar nicht so schlecht, und so lud Arthur, mein Bekannter, der übrigens auf die gleiche Art zu seinem amerikanischen Pass gekommen war, von nun an jeden Samstag potenzielle Bräute ein. Arthur besaß eine kleine Rinderfarm, seine Frau Gretel das Frisörgeschäft nebenan. Als hätten beide plötzlich im ganzen Staate Florida Zettel verteilt, auf denen eine amerikanische Frau für mich gesucht wurde, brachten die Mütter aus der Umgebung von nun an jeden Samstag ihre hässlichen Töchter mit, während Gretel ihnen die Haare in saure Wellen legte. Moment mal, dachte ich mir. Wenn überhaupt eine solche Zweckheirat infrage kommt, dann doch nur mit einer der vielen Strandschönheiten, die ich tagelang beim Sonnenbaden beobachtet hatte. Die pummeligen und dämlich grinsenden Mädchen aus den umliegenden Käffern wollte ich nicht. Und so musste ich vorerst weiterjobben. So lange, bis ich meine alten Bekannten wieder traf. Die beiden Herren in Schwarz. Diesmal hatte ich einen Job auf einer Nachbarranch ergattert und rammte gerade mit nacktem Oberkörper Dutzende von Zaunpfählen in die Erde. Was ich denn da machen würde, wollten sie wissen. Denn das sehe ganz nach Arbeit aus. Bezahlter Arbeit. Ich versuchte, sie von meinem gemeinnützigen Einsatz zu überzeugen, kam aber nicht weit damit. Letzte Warnung vor der Abschiebung. Und damit war mein Hollywoodtraum vorerst geplatzt. Ich ließ die heiratswilligen amerikanischen Mädchen zurück im Land der begrenzten Möglichkeiten und versuchte mein Glück erst mal in Deutschland.

Ich fand es überraschend schnell, denn das Vorsprechen an der Schauspielschule in Düsseldorf lief gut. Ich war einer von etwa 1000 Bewerbern und bekam den begehrten Studienplatz. Drei Jahre später war ich staatlich anerkannter Schauspieler mit ersten Theaterengagements. Dazwischen stand ich für diverse Fernsehserien vor der Kamera. Es fing gut an, doch die große Karriere und die weite Welt waren nicht in Sicht.

Vierzehn Jahre hielt ich durch, träumte weiterhin von Hollywood und stand allabendlich auf den Bühnen deutscher Theater. Bis mir eines Tages ein Kumpel aus alten Bonner Tagen das Angebot machte, für die RTL-Version der *Versteckten Kamera* als Lockvogel nach Mallorca zu reisen. Es war nicht nur ein sehr lustiger Dreh, es war auch endlich mal ein Job im Ausland. Ich war angefixt, drehte in den darauffolgenden Jahren knapp 20 Folgen für RTL und auch für den Klassiker der ARD, *Verstehen Sie Spaß?*

Dann machte mir der Chef meines Kumpels das Angebot, als Redakteur und Reporter fest zu RTL zu kommen. Das ist jetzt elf Jahre her, und seitdem habe ich wirklich die Welt gesehen. Jedenfalls sehr viele Teile von ihr. Und ich habe endlich die einzig wahre Antwort auf die Frage »Na, was willst du denn mal werden, Jenke?« gefunden: weltweiter Berufe-Tester-Reporter. Denn das ist nicht nur *ein* Job, es sind Hunderte (nicht übertrieben!). Und alle sind spannend, schräg und vor allem außergewöhnlich. Was meinen Auftrag so genial macht, ist nicht nur die ständige Abwechslung, sondern dass die meisten Berufe, die ich testen soll, in fernen Ländern ausgeübt werden!

Endlich kann ich das machen, was schon als kleiner Junge mein größter Wunsch war: Ich kann reisen und muss mich endlich nicht mehr für nur einen Beruf entscheiden.

Nordzypern, im August 2011

WARTEN AUF MADONNA
Paparazzo – Hollywood, USA

Zwei Stunden hocke ich jetzt schon vor Madonnas Haustür, in einer Villengegend in Hollywood. Gleich zwei große Häuser mit riesigem Grundstück soll Frau Louise Ciccone (so ihr voller Name) hier besitzen, behauptet zumindest mein Paparazzo-Chef Bernd, der vor mir in seinem abgeranzten weißen Kleinbus sitzt. In einem schwarzen Anzug – bei hochsommerlichen 30 Grad. Der alte Mitsubishi ist auch sein Zuhause. Und sein Büro. Und sein fahrendes Labor.

»Da ist Madonna! Hinterm Küchenfenster! Du musst die Kamera immer im Anschlag haben, Jeske!«, höre ich ihn über Funk krächzen. Wie in einem amerikanischen Agentenfilm sitzen wir in zwei hintereinanderstehenden Autos und observieren die Gegend. Ich kann Madonna aber nicht entdecken. Nicht einmal ihr Küchenfenster, denn eine gewaltige Hecke versperrt jede Sicht. Ob Bernd so ein Superprofi ist, dass er Instrumente hat, mit denen er durch Wände gucken kann? Er ist so eigenartig wie sein Auto: unaufgeräumt, verschroben, verpeilt. Zum Glück hat er nicht mitbekommen, dass ich einen dieser Hollywoodstars-Stadtpläne gekauft habe. Die gibt es an den großen Straßen, die in die Hollywood Hills führen, für acht Dollar und verraten den Touristen, in welcher Straße und in welchem Haus ihre Stars leben. Madonna steht auch auf dem Plan, aber in einer ganz anderen Gegend. Komisch, denke ich, lasse Bernd aber erst einmal gewähren. Schließlich ist er ja der Profi. Und mein Chef.

Der Job des Paparazzo stand schon lange ganz oben auf meiner Wunschliste. Den ganzen Tag an der frischen Luft, meist in sonnigen Gegenden, irgendwo im hübschen Ausland und immer ein bisschen Nervenkitzel bei der Jagd nach den Schönen und Reichen.

»Madonna ist bestimmt gerade Yoga machen oder einkaufen. Wir kommen später wieder, Jeske«, redet sich Bernd jetzt raus. Wen meint der eigentlich immer mit Jeske? Hört da noch jemand beim Funken zu?

Als Nächstes versuchen wir unser Glück ein paar Straßen weiter bei Tom Cruise. Seine Villa gehört zu den größten Privatanwesen, die ich je in meinem Leben gesehen habe, und sie gleicht einer Festung. Meterhohe Zäune mit Stacheldraht und alle paar Schritte eine Videokamera. Dazu Wächterhäuschen und Sicherheitspersonal in dunklen Autos, die über die komplette Straße verteilt sind. Bernd empfahl, hier unauffälliger aufzuschlagen, und so bin ich zu ihm in den Wagen gestiegen. Während ich noch staune, wie viel Müll man in so einem kleinen Auto unterbringen kann, steht plötzlich ein rothaariger Typ an meinem Beifahrerfenster. Sein plötzliches Auftauchen erschreckt mich zu Tode. Als ich feststelle, dass er mich ein bisschen an Ron Weasley aus den Harry-Potter-Filmen erinnert, beruhige ich mich wieder.

»Verschwindet hier, sonst sorge ich für 'ne ganze Menge Ärger!«, spricht das blasse, todernste Gesicht.

»Wir wollen zu Herrn Cruise. Ist der zufällig zu

Hause?«, frage ich freundlich in reinstem Harry-Potter-Englisch. Keine Ahnung, von welchem Baum der Kerl gerade gefallen ist, aber so ein leeres Gesicht, gepaart mit so dicken Oberarmen, habe ich lange nicht gesehen. Bernd wohl auch nicht, denn er drängt zur Weiterfahrt.

»Wir kommen später wieder«, beruhige ich das Rugbygesicht: »Richten Sie das bitte Herrn Cruise und Frau Holmes aus. Danke schön und auf Wiedersehen.«

»Fahren wir zu Jim Karie. Der soll freundlicher sein«, muntert Bernd auf.

Ich weiß wieder einmal nicht, wen er meint. Denn Bernd kann die wenigsten Namen der Hollywoodstars korrekt aussprechen. So schwärmt er während der Fahrt zu Herrn Karie – wer in aller Welt ist Herr Karie? – immer wieder von Frau Julai. »Kenn ich nicht. Wer ist das?«, frage ich verwirrt.

»Was! Du willst Paparazzo werden und kennst sie nicht? Sie ist ein Top-Promi und die Frau von Brät Piet!«, schüttelt er verständnislos den Kopf.

»Hä? Du meinst JOLIE, Angelina Jolie!« Ich kann es nicht fassen.

»Ja, genau. Die Julai! Die habe ich schon oft abgeschossen. Ihre Bilder sind Gold wert.«

Nur gut, dass er nicht die Texte zu den Fotos schreiben muss, die wären nämlich nichts wert. Er geht in die Bremsen und parkt seinen rollenden Müllhaufen direkt vor einem großen gusseisernen Tor.

»Da wohnt er – Jim Karie«, strahlt Bernd mich an. Jetzt weiß ich endlich, wen er meint: den Komiker Jim Carrey. Und während erst ich aussteige und dann Bernd, rollt sein Wagen ungebremst ins Blumenbeet des erfolgreichen Hollywoodkomikers. Ob der das auch zum Lachen findet, so wie ich? Ich kann mich kaum noch halten. Prustend und gekrümmt, halte ich mir lachend den Bauch vor Carreys Einfahrt und rechne jederzeit damit, dass er durchs Tor kommt, um nachzusehen, wer da so herzhaft lacht – und warum. Das sollte doch bei Komikern eine Art Reflex sein.

Jim Carreys Blumenbeet

»Warum klingeln wir nicht einfach bei Carrey, und wenn er die Tür aufmacht, fotografieren wir ihn schnell?«, schlage ich vor. Ich will endlich ein Paparazzo-Foto haben, nicht immer nur vor irgendwelchen Nobelhäusern stehen und mir den Hintern platt sitzen.

Doch Bernd hat jetzt ein ganz anderes Problem. Er hängt mit der Karosserie seines Wagens auf dem kleinen Mäuerchen neben dem Blumenbeet fest. Kommt weder vor noch zurück, gibt aber unaufhörlich Gas, bis das durchdrehende Hinterrad Jim Carreys Radieschen einmal komplett umgegraben hat.

»Jeske! Hilf mir!«, ruft er panisch aus seinem röhrenden Wohnzimmer, während ich noch auf Jim Carreys Toreinfahrt hocke und versuche, über die Mauer zu blicken.

»Jeske!!!«

Lachen verleiht ungeahnte Kräfte, und nur deshalb gelingt es mir, den kleinen weißen Bus ein paar Zentimeter hochzuheben, während Bernd wie ein Wilder aufs Gaspedal tritt. Ein Ruck, ein lautes Schleifen über Jims Mäuerchen, eine letzte nach hinten fliegende Wolke aus feinster Blumenerde, und Bernd und sein Kli-Kla-Klawitter-Bus sind wieder frei.

»Los, Jeske, spring rein. Wir hauen ab!«

Wäre die oben beschriebene Szene aus einem Hollywoodfilm gewesen, Bernd wäre mit quietschenden Reifen durch die Hollywood Hills geflüchtet.

Doch unsere reale Flucht ist erbärmlich. Sein altes Auto kommt nur schwer auf Touren, und die Reifen sind so abgefahren, dass sie nicht einmal mehr quietschen wollen. So flüchten wir eher gemütlich und zockeln zurück in den Berufsverkehr von Los Angeles.

»Das ist ein Nobody!« ist Bernds Lieblingssatz. Er sagt ihn, wann immer ich einen Rolls-Royce durch Beverly Hills brausen sehe und Bernd frage, ob da drinnen nicht ein Hollywoodstar sitzen könnte. Auch auf die Frage nach Thomas Gottschalk, der ja bekanntlich ebenfalls in Los Angeles lebt, bekomme ich nur zu hören: »Das ist ein Nobody!« Eigentlich ist jeder, den Bernd nicht kennt, ein Nobody.

Auf wen er allerdings total abfährt und wer für ihn ein Superstar zu sein scheint, ist Pamela Anderson. Also gurken wir durch Malibu auf der Suche nach der Superblondine mit den Superbrüsten. Und tatsächlich – es dauert keine Stunde, da fährt Pamela auch schon im Wagen vor uns. Es ist ein weißer Range Rover, wie ihn sehr viele weibliche Stars in Hollywood fahren. Pamela hat auf der Rückbank einen ihren beiden Söhne gepackt und auf dem Beifahrersitz Mutter Carol. Natürlich hat Pamela uns bereits nach wenigen Metern im Rückspiegel entdeckt. Nachdem sie Mutter und Kind am Spielplatz abgesetzt hat, beginnt die Verfolgungsjagd. Wir bleiben an ihr kleben und verfolgen sie bis auf den Parkplatz einer Shopping Mall. Als wir anrollen, ist wenigstens ihr Wagen noch da, von Pamela allerdings fehlt jede Spur.

Ich suche das Umfeld ab und entdecke einen Typen mit großer Sonnenbrille in einem grünen Sportwagen, der sich ebenfalls für Pams Auto zu interessieren scheint. Er winkt mich zu sich, schüttelt den Kopf und erklärt mir, dass ich alles komplett falsch machen würde.

»Renn nicht wie ein Irrer auf sie los. Zeige Respekt und lächle sie an. Sprich mit ihr, freundlich. Und fuchtel nicht mit der Kamera direkt vor ihrer Nase herum«, lautet das kurze Einmaleins des Paparazzikollegen. Dann greift er blitzschnell zu seiner Kamera und beendet die kleine Nachhilfestunde: »Sie ist zurück.«

Den soeben erhaltenen Crashkurs gedanklich noch notierend, stürme ich nicht – so wie es jetzt die meisten machen würden – auf sie zu, sondern schlendre lässig und selbstverständlich zu ihrem Auto, gemütlich wie der Hustinetten-Bär. Sie ist damit beschäftigt, die Einkaufstüten zu verstauen, während ich anfange, freundlich zu brummen:

»Hallo, Pam, wie geht's? Ich hätte gerne ein Foto. Für Deutschland.«

Sie reagiert nicht. Nicht einmal mit einem Millisekundenblick. Ich schnurre weiter:

»Pam, willst du mich heiraten? Dann brauche ich vorher aber ein Foto von dir! Für meine Mutter.« Ich finde das lustig, sie aber nicht. Wahrscheinlich hat sie diesen Spruch auch schon tausendmal gehört, oder hört sie vielleicht gar nicht mehr gut? Ist ja auch nicht mehr die Jüngste. Und während ich im Hirn nach originellen Foto-Anmach-Sprüchen krame, taste ich mit den Augen ihre Ohren nach einer kleinen, dezenten Hörhilfe ab. Wäre doch 'ne Bomben-Bildunterschrift: *Pamela Anderson, voll bepackt mit Einkäufen. Nur die Batterien für ihr Hörgerät hat sie vergessen.*

Die Baywatchnixe ist so schnell weg, wie sie gekommen ist. Immerhin habe ich ein paar knackige Fotos von ihr schießen können. Also von ihrem Rücken. Und von ihrem Hinterkopf, der auch hübsch ist. Bernd meint, meine Fotos könne man für 300 bis 400 Dollar verkaufen. Ein Anfang.

Pamela Anderson, voll bepackt mit Einkäufen.
Nur die Batterien für ihr Hörgerät hat sie vergessen.

Ob ich denn Herrn Schwarzenegger schon mal in echt gesehen hätte, will Bernd wissen. Den Namen »Arnold Schwarzenegger« erkennt man sogar, wenn Bernd ihn sagt. Fotos von ihm würden sich auch sehr gut verkaufen. Vor allem die, auf denen er eine Zigarre pafft, wo doch jeder weiß, dass die Ärzte ihm das nach der Herz-OP verboten haben. Und da sitzt er auch schon, der Qualminator. Stuhl an Stuhl mit dem gesichtsschiefen Sylvester Stallone. Was für ein Anblick! Und siehe da: Beide haben einen dicken brennenden Stumpen in der Hand, obwohl man in Hollywood selbst auf Restaurantterrassen nicht mehr rauchen darf. Doch wer legt sich schon mit den beiden Muskelpaketen an? Ich! Bewaffnet mit einer kleinen Fotokamera, hopse ich freundlich auf die Actionhelden zu. Ich bin noch etwa zehn Meter von den beiden entfernt, als ich zwei kräftige Hände unter meinen Armen spüre, die mich langsam hochheben und wenige Zentimeter über dem Boden schweben lassen. Die Herren, denen die bratpfannengroßen Hände unter meinen Armen gehören, sehen nicht freundlich aus. Der Ton, in dem sie mit mir reden, macht es nicht besser. Das Signal ist eindeutig: keine Widerrede. Es sind Beamte vom Secret Service, und sie wollen partout nicht, dass ich den Ex-Gouverneur und Ex-Terminator fotografiere.

»Weil er hier Kette quarzt, in der Öffentlichkeit aber behauptet, Nichtraucher zu sein? Oder weil ich ein Sicherheitsrisiko bin?«, frage ich freundlich nach. Ich ziehe alle Register, erzähle den Brocken vom Secret Service, dass ich aus demselben österreichischen Bergdorf wie Arnie käme (ist natürlich Quatsch), doch das beeindruckt sie ebenso wenig wie meine Behauptung, früher im selben Fitnessstudio trainiert zu haben.

»Keine Fotos!«, sagen sie und blicken mir ein letztes Mal so tief in die Augen, dass ich es noch in den Fußspitzen spüre. Sie lassen mich wieder zu Boden und verschwinden in ihrer Ecke, unsichtbar für alle außer Arnie und Stalloni. Selten war eine Situation so schnell geklärt, wie diese. Also zurück zu Paparazzoregel Nummer eins: Abwarten.

Da! Sylvester Stallone erhebt sich und reicht Schwarzenegger zum Abschied die Pranke. Da stehen sie nun, wie die Braunbären im Kölner Zoo, jeweils eine Zigarre im Mund, und schütteln sich die Pranken. Das ist meine Chance, das wird das One-Million-Dollar-Foto.

Doch bevor ich den Fotoapparat überhaupt angeschaltet habe und schnell noch mal die Umgebung nach den beiden Bodyguards abscannen kann, ist Stallone auch schon verschwunden. In der angrenzenden Passage, die zur Rückseite des Gebäudes führt. Nichts wie hinterher. Zusammen mit Bernd, der mir nur noch schnaufend folgen kann. Wir nähern uns dem alles entscheidenden Moment, dem Moment, der in die Geschichte eingehen wird. In meine persönliche Geschichte, denn hätte ich jetzt jemand anderes im Gepäck als den sonderbaren Bernd, müsste ich heute wohl keiner regelmäßigen Arbeit mehr nachgehen, sondern könnte mich ausruhen auf den üppigen Fototantiemen, die mein Bankkonto jeden Monat aufs Neue zum Platzen bringen würden.

»Darf ich ein Foto von Ihnen machen?« Stallone bleibt stehen und schaut mich freundlich an.

»Na klar. Kein Problem. Von wo seid ihr Jungs?«

Seine Stimme ist tief, sein Lächeln wirkt echt. Es ist ein merkwürdiges Gefühl, wenn man jemandem gegenübersteht, der ein Superstar ist, den man aus Filmen kennt, die fast jeder Mensch auf der Welt gesehen hat, so wie die Rocky- und Rambofilme. Also: neben Stallone stellen, Bernd meine private, kleine Fotokamera in die Hand gedrückt und ein Lächeln aufsetzen, das mindestens so breit ist wie die Schultern des Actionstars.

Bernd hat große Mühe, den Power-Schalter zu finden. Er fummelt an allen Knöpfen herum, verstellt dies und das und wirkt sichtlich nervös. »Oben rechts geht sie an!«, lautet mein entscheidender Hinweis. Sylvester und ich nehmen wieder unsere »Geballte Faust vor die Brust«-Position ein und lächeln dabei in Bernds Richtung. Ich höre ganz genau, wie Stallone denkt: »Was sind denn das bitte für dämliche Vögel!«, während Bernd sein erstes Foto schießt, ohne die Kamera vorher scharf zu stellen. Auch auf den Blitz hat er trotz der dunklen Passage verzichtet. Dementsprechend sieht das Foto auch aus, das er uns jetzt unter die Nase hält.

Sylvester Stallone und ich schauen uns kopfschüttelnd an und denken einstimmig: Was für ein Schrottbild! Total wackelig und unscharf.

»Also los, mach noch eins!« Bernd fängt an zu zittern. Jetzt, wo er weiß, dass auch Stallone es weiß. Klick, diesmal zwar mit Blitz, aber trotzdem Schrott, wieder unscharf, wieder verwackelt. »Man kann mit so 'nem kleinen Ding doch keine anständigen Fotos machen. Warte, Jeske, ich hole schnell meine große Kamera aus dem Auto«, versucht Bernd die Situation zu retten.

»Vergiss es. So viel Zeit hat Rocky nicht. Los, mach noch ein paar Bilder mit der Kleinen. Du musst doch nur scharf stellen«, brülle ich ihm hektisch zu und beobachte dabei die Mundwinkel des Herrn Stallone auf ihrem Weg nach unten. Bernd klickt, was das Zeug hält. Mal blitzt es, mal hat er den Finger vor dem Objektiv, mal fotografiert er, ohne dabei überhaupt in unsere Richtung zu schauen. Stallone reicht es jetzt. Er schüttelt mir mit einem bemühten Restlächeln die Hand und steigt, ohne die Fotos vorher noch mal sehen zu wollen, in sein fettes schwarzes Rolls-Royce-Phantom-Coupé. Ein letztes Winken in unsere Richtung, ein leichtes Kopfschütteln und dann Vollgas. Bloß weg von diesen beiden Idioten aus Deutschland. Als ich mir die Fotos auf dem Display anschaue, krieg ich die Krise: Alle sind unscharf. Nur mit Mühe erkennt man überhaupt die Gesichter. Doch halt! Da ist ein einziges scharfes und brauchbares Bild. Nur wo bin ich? Es ist ein Gesichtsfoto von Herrn Stallone, der lässig in die Kamera grinst. Aber ich bin in dieser Einstellung nicht zu sehen.

Sylvester Stallone und irgendein Nobody – unscharf

»Wo bin ich?«, frage ich Bernd ungläubig.

»Wieso?«, schaut er mich verständnislos an.

»Du solltest ein Foto von Rocky und mir machen, Bernd. Und jetzt frage ich dich: Wo bin ich auf dem Bild?«

»Du wolltest ein Touristenfoto? Tut mir leid, aber ich bin Paparazzo. Ich mache Bilder von Stars, und da ist für dich kein Platz drauf. Sei mir bitte nicht böse, Jeske. Aber du bist ein Nobody!«

TAXI! ÄH – RIKSCHA!
Rikschafahrer – Kalkutta, Indien

Bin ich krank?

Habe ich den Verstand verloren, oder was ist mit mir los?

Im Gegensatz zu vielen anderen mag ich diese Stadt. Und zwar sehr.

Auch wenn es heißt: Ein Tag in Kalkutta ist für die Lunge und den Körper so, als würde man 17 Zigaretten rauchen. Die Luft hier soll zu den fünf schmutzigsten der Welt gehören. Wer sich immer noch keine Vorstellung machen kann, der lasse sich inspirieren vom Zitat des berühmten Günter Grass.

»Warum nicht ein Gedicht über einen Haufen Scheiße schreiben, wie Gott ihn fallen ließ und Kalkutta nannte ...«

Und trotzdem und noch mal: Ich finde diese Stadt super. Und ich kann das behaupten, denn ich habe fast jeden Winkel von ihr erkundet. Zu Fuß. Eine Riksha hinter mir herziehend, mit übergewichtigen Menschen und viel Gepäck beladen.

Ich hatte gelesen, dass die Stadtverwaltung von Kalkutta die Rikschaläufer bis Ende des Jahres verbieten wolle. Weil zu viele Unfälle passieren würden und die zu Fuß laufenden Männer den Verkehr aufhielten. Wieder einmal mussten die Ärmsten der Armen dem Fortschritt weichen, während ihr Job zum Aussterben verurteilt wurde.

Es gibt Berufe, die kann man sich auch aus der Ferne gut vorstellen. Man ahnt sogar, wie es sich anfühlt. Beim Rikschapuller ist das völlig anders. Ich kenne keinen vergleichbaren Beruf, und selbst mit den verwandten Fahrradrikschas – die von dem bevorstehenden Verbot übrigens verschont bleiben sollen – lässt es sich nicht vergleichen. Am nähesten kommen den Rikschaläufern vielleicht noch die Lastenträger in Indien. Menschen, die nichts mehr zu bieten haben als reine Körperkraft. Man sieht sie durch Kalkutta ächzen, wenn sie riesige Stoffballen, übergroße Pakete und bis zum Platzen ausgebeulte Koffer auf ihren Köpfen abstützen, um das zermürbende Gewicht über längere Strecken überhaupt transportieren zu können. Ja, diese Packer sind vielleicht noch vergleichbar mit den Rikschaläufern. Doch selbst bei ihnen fehlt etwas Entscheidendes: der zu transportierende Fahrgast, der einem im Nacken sitzt und in jedem Moment daran erinnert, wer hier auf welcher Sprosse der gesellschaftlichen Leiter steht.

Mein Chef Mahmut zum Beispiel steht ganz unten. Noch unterhalb der ersten Sprosse, denn er hat hier in Kalkutta nicht einmal ein Zimmer und schläft deshalb auf der Straße. Den Großteil seines Verdienstes schickt er seiner Frau und den vier Kindern ins weit entfernte Nepal. Mahmut ist leider keine Ausnahme, die meisten Rikschaläufer sind obdachlos mit der Aussicht auf ein stark verkürztes Leben. Zu kräftezehrend ist ihr Beruf, zu groß der tägliche Verzicht auf eine ausreichende Ernährung und Hygiene. Und doch ist Mahmut ein Mensch, der die meiste Zeit fröhlich ist und den ich oft lachen sehe. Er hat sich arrangiert mit seinem Schicksal, und als gläubiger Hindu geht er davon aus, dass sein nächstes Leben besser für ihn ausfallen wird. Er selbst bezeichnet sich als einen lebensfrohen Menschen, er wirkt ausgeglichen und scheint mit sich im Reinen. Und er erzählt gerne Geschichten, um andere zum Lachen zu bringen. Mich zum Beispiel.

Bereits wenige Minuten nachdem ich ihn kennengelernt habe und er mich mit der Rikscha durch Kalkutta scheucht – »damit du ein Gefühl für das Gefährt bekommst« –, sitzt er lachend hinten in seiner eigenen Rikscha und erzählt mir, was ihm vor wenigen Tagen passiert ist:

»Stell dir vor, der Kunde war so dick und so schwer, und ich war so müde und so schwach und habe nicht richtig aufgepasst. Als ich an einer Straßenkreuzung stoppen musste, sind mir die Griffe aus der Hand gerutscht, und die Rikscha ist mit dem Dicken nach hinten umgekippt. Wie ein Käfer auf dem Rücken lag er da.«

Wir beide haben das Bild vor Augen und müssen herzhaft lachen, was ihn aber nicht davon abhält, mich weiter durch Indiens drittgrößten Ballungsraum zu scheuchen: »Links! Rechts! Rechts! Links!« Immer wieder zwingt er mich durch zu enge Nebenstraßen, über bunte Gemüsemärkte oder mitten durch die großen Müllhaufen der Stadt. – Erwähnte ich eigentlich, dass die Rikschaläufer von Kalkutta meist barfuß laufen und dass ich an diesem Tag nur ein paar dünne Schläppchen trage? Immer wieder landet ein undefinierbarer Matsch in meinem Schuh, schmatzt dabei und jagt mir die übelsten Bilder seiner Entstehungsgeschichte durch den Kopf. Oh ja, Kalkutta kann dreckig sein. Verdammt dreckig sogar.

Fahrstunde mit dem Chef hintendrauf

Mahmut nennt es Fahrschule, ich nenne es: »Jetzt lasse ich mich von dem doofen Deutschen mal zwei Stunden durch die Gegend ziehen.«

Die Inder lachen, sobald ich mit meinem Chef auf der Rückbank an ihnen vorbeifahre. Andere Rikschaläufer bleiben sogar mitten auf der sechsspurigen Hauptstraße stehen, als sie Mahmut erblicken, der ihnen wie ein König zuwinkt. Er hat die Beine übereinandergeschlagen und genießt die Fahrt offensichtlich sehr. Mit großer Wahrscheinlichkeit hat er seine Stadt aus dieser entspannten und erhöhten Perspektive nie zuvor gesehen.

»Links und dann stoppen«, weist er mich an. Mit zwei Blasen an den Füßen und drei an den Händen biege ich in die Seitenstraße ein und komme neben anderen pausierenden Rikschaläufern zum Stehen. Großes Gelächter, während König Mahmut aus seiner goldenen Kutsche steigt. Er klopft mir gönnerhaft auf die Schulter und spricht etwas zu laut: »Du hast bestanden. Jetzt darfst du mit mir als Rikschaläufer arbeiten.«

Erneut großes Gelächter. Und ein kleiner Applaus. Aber nur von mir. Innerlich. Denn wer kann schon von sich behaupten, vom ältesten und wohl erfahrensten Rikschaläufer Kalkuttas auf diese Art geadelt worden zu sein?

An diesem Tag bin ich einer der 12 000 Rikschaläufer ohne Lizenz und gehöre damit zu den armen Kerlen, die gesellschaftlich noch mal unterhalb der 6000 Kollegen mit Lizenz stehen. Doch nicht nur die gesellschaftliche Stellung macht unsereinem zu schaffen: Rikscha-Azubis wie ich werden von der Polizei gejagt und von manchem Lizenzinhaber als illegale Subunternehmer eingesetzt.

Von jetzt ab wird Mahmut nur noch neben mir herlaufen, während ich seine Rikscha übernehme. Es dauert ein wenig, bis sich die indischen Fahrgäste an mein Äußeres gewöhnt haben und die Fahrt mit mir wagen.

Mahmut überzeugt sie immer wieder, dass ich ein guter Fahrer bin und dass das hier keine Folge für die versteckte Kamera ist, die auch in Indien seit Jahren sehr erfolgreich im TV läuft.

Bereits nach zwei mehr oder weniger geglückten Transporten macht er sich aus dem Staub, um in Ruhe seinen geliebten Chai zu trinken. Würde ich auch gerne machen, aber einer muss auf die Rikscha aufpassen. Eine Rikscha ist ein paar hundert Euro wert, und es ziehen Diebe umher, die nicht davor zurückschrecken, am helllichten Tag zuzuschlagen. Also mache ich es mir im Schatten gemütlich, döse ein wenig auf der Rückbank, die Füße nach vorn ausgestreckt. Herrlich.

»Schlafen Sie oder arbeiten Sie?« Die Frau erschrickt, als ich mich aufrichte und sie bemerkt, dass ich kein Inder bin. Ein paar Sekunden lang ist sie sprachlos. Ich kann in ihrem Gesicht lesen, wie sie versucht, einen Sinn in das Bild zu bringen, das ich ihr gerade biete.

»Oh, entschuldigen Sie. Ich dachte ...« Ohne den Satz zu beenden, will sie sich davonmachen.

»Brauchen Sie eine Rikscha? Ich fahre Sie!«

Die ältere Dame bleibt stehen. Trotz der schweren Tüten in ihrer Hand dreht sie sich um und schaut mich an. Noch verdutzter als zuvor. Ihr Blick wandert an mir herab zu meinen weißen Füßen in den Schlappen und wieder zurück über meinen Wickelrock nach oben. Ja, die kleine, dünne alte Dame scannt mich.

Und als würde ich plötzlich untenrum nackt vor ihr stehen, verändert sich ihr Gesichtsausdruck. Sie schüttelt schnell und abweisend den Kopf, errötet und macht sich davon. Als hätte ich ihr ein schlüpfriges Angebot gemacht. Wahrscheinlich habe ich das für ihre Verhältnisse auch getan.

Komisch. Niemand will mit mir fahren. Wen auch immer ich anspreche, es scheint für die Menschen hier nicht infrage zu kommen, sich von einem Nichtinder transportieren zu lassen. Ich reduziere sogar die Preise, biete die eine oder andere Promotionfahrt an. Aber nichts tut sich ohne Mahmut im Hintergrund.

»Ob die alle denken, ich hätte die Rikscha geklaut?«, frage ich meinen Chef, als er selig grinsend und tief entspannt zurück an den Rikschataxistand schlendert.

»Wir Inder denken in gesellschaftlichen Klassen. Das wird wohl auch immer so bleiben. Die Leute trauen sich einfach nicht, denn für sie ist jeder Ausländer ein reicher Mann, der gesellschaftlich weit über ihnen steht. Von so einem lässt man sich als Inder nicht durch die Gegend ziehen. Es sei denn, es geht nur um einen Spaß.«

»Das bedeutet, selbst für den Notfall, dass ich im Leben keinen anderen Job mehr finde, als Rikschas durch Kalkutta zu ziehen – ich würde hier niemals davon leben können?«

Mahmut nickt stumm, irgendwie mitfühlend. Ich bin enttäuscht. Nicht, dass Rikschaziehen in Kalkutta in meinem persönlichen Notfallplan an oberster Stelle

Was ist denn das für ein seltsamer Rikschafahrer?

stünde, aber dass diese Möglichkeit von vornherein ausgeschlossen ist, deprimiert mich schon ein wenig. Und so ziehe ich gesenkten Hauptes meinen menschenleeren Karren hinter mir her durchs quirlige Kalkutta und sehe die beiden indischen Geschäftsmänner gar nicht, die, wild mit den Armen fuchtelnd, vor dem Hotel stehen und mir schließlich zupfeifen. Mahmut hat sie auch nicht gesehen und ist schon vorgegangen. Nachdem ihr Pfeifen und Rufen so laut geworden ist, dass ich eine voll beladene indische Eisenbahn hinter mir wähne, nehme ich sie endlich wahr und steige voll in die Eisen.

»Wir müssen zum Bahnhof. – Eh, Sie sind doch Rikschafahrer, oder etwa nicht?«, fragen die beiden vorsichtig nach.

»Oh ja. Und zudem der Beste, den Sie in diesem Moment bekommen können«, meldet sich meine gute Laune plötzlich wieder zurück.

Die beiden Herren drücken mir ganz selbstverständlich ihre schweren Koffer in die Hand, bis sie es sich auf der Rückbank bequem gemacht haben.

»Zum Bahnhof bitte. Zügig.« Das ist ja mal eine klare Ansage. Wenn ich nur wüsste, wo der Bahnhof ist? Und welchen der beiden in dieser Stadt sie meinen? Auch ein wiederholtes Nachfragen meinerseits bringt mir keine weiteren Informationen.

»*To the station. Hurry please!*«, wiederholte der Mann mit dem rosa Hemd, während der mit dem gelben nur zustimmend nickt. Mahmut ist mittlerweile wieder in irgendeiner Teebude verschwunden, und so setze ich alles auf eine Karte und steuere den größeren der beiden Bahnhöfe an.

Vorbei am Polizeirevier und irritiert schauenden

Polizisten. Sie rufen etwas. Ich rufe auch etwas. Keiner versteht den anderen. Ich merke, wie die beiden Reisenden hinter mir unruhig werden. Sie zeigen in die entgegengesetzte Richtung, und mir wird klar: Die meinen den anderen Bahnhof. Vollbremsung, Griffe fest umklammert, U-Turn und wieder zurück. Vorbei an den immer noch kopfschüttelnden Polizisten. Sie rufen etwas, ich rufe auch etwas. Ich lache, sie lachen. Und keiner weiß, worüber.

Im Laufschritt ziehe ich Mister Gelb- und Mister Rosahemd durch die Stadt – über Stock, Stein und Dreck. Die Rikscha holpert und quietscht, und ich habe ständig das Bild vor Augen, wie Mahmut erst die Rikscha und dann den Dicken hintenüber hat fallen lassen. Ich muss lachen und halte die beiden Griffe so fest umklammert, dass mir die Blasen an beiden Händen gleichzeitig und mit einem kleinen Plopp! platzen.

Es zischt und pfeift, wackelt und poltert neben mir. Die beiden Herren geben mir zu verstehen, dass wir angekommen sind. Ich fahre links ran, lass sie aussteigen und kassiere die Kurzstreckengebühr von umgerechnet 15 Cent. Doch offensichtlich sind meine Gäste so zufrieden mit meiner Fahrt, dass sie das Doppelte bezahlen. Vielleicht sind sie aber auch nur froh, unverletzt aus den Fängen der irren Lederschlappen-Weißhaut gekommen zu sein, die sich in ihrer Stadt nicht auskennt.

Ich entscheide mich für Version A und mache mich stolz lächelnd auf den Rückweg. Von wegen: »... von einem wie dir lässt sich ein Inder nicht durch die Stadt ziehen!« Ich hätte große Chancen, hier in Kalkutta ein florierendes Rikschaunternehmen aufzumachen. Nur für den Notfall. Nur falls ich keinen anderen Job mehr finde auf der Welt.

Apropos finden: Wo ist Mahmut, und wo bin ich, und wie komme ich wieder zurück? Und wo genau liegt eigentlich »zurück«?

Wieder einmal meldet sich meine Orientierungsschwäche genau im falschen Moment.

Wenn Defizite sprechen könnten, dann würden sie jetzt hämisch lachend fragen:

»*Was* willst du im Notfall werden? Rikschaläufer? Du, der schon nach zwei Minuten vergessen hat, aus welcher Richtung er gekommen ist? Vergiss es!«

UND IM ZIMMER NEBENAN – MICK JAGGER

Hotelbutler – Bangkok, Thailand

Ich bin ganz ehrlich: Jobs in Hotels gefallen mir nicht besonders.

Das fängt schon mit den Arbeitszeiten an. Frühes Aufstehen liegt mir nicht, verursacht mir geradezu körperlichen Schmerz. Und jedes Mal, wenn ich mit gequältem Gesichtsausdruck abends an meinem Wecker für den nächsten frühen Tagesbeginn herumfummeln muss, fallen mir die Worte meines längst verstorbenen Vaters ein: »Denk immer dran, Junge. Leute, die vor neun Uhr aufstehen müssen, sind nichts und werden auch nie etwas!«

Danke, Vater!

Außerdem fehlt mir die grundlegende Voraussetzung für einen Beruf im Hotelgewerbe: andere Menschen gerne zu bedienen und ihnen gerne ständig die Klamotten hinterherzutragen. Andersherum mag ich es, aber so nicht.

Und doch war mein allererster Beruf, den ich in jungen Jahren ausprobierte, der Beruf des Hotelkaufmanns in einem Kölner Luxushotel. Ich war damals siebzehn, hatte keine Lust mehr auf Schule und hatte sie kurzerhand unterbrochen, um erst in die Arbeits-

und dann in die große, weite Welt zu ziehen. Eigentlich war mein Onkel schuld. Er schwärmte mir ständig von der spannenden Welt hinter den Türen eines 5-Sterne-Hotels vor. Was ich dort alles erleben würde, was für berühmte Menschen ich treffen könnte und was für attraktive, wohlhabende Damen erst. Und auf der ganzen Welt könnte ich nach einer solchen Ausbildung arbeiten. Schnapp – die Falle war zu, und ich saß von nun an jeden Morgen um fünf Uhr in der ersten Bahn des Tages von Bonn nach Köln. Wie bereits erwähnt, tun mir solche Uhrzeiten weh, und um fünf in der Bahn zu sitzen bedeutet, um vier Uhr aufzustehen, falls Sie wissen, was ich meine. Aua!

Wieso denn eigentlich Köln, Jenke? Wolltest du nicht raus in die weite Welt?

Doch – und ich schrieb 100 Bewerbungen, verschickte sie nach Frankreich, Italien, England und Amerika. Selbst in der Karibik bewarb ich mich, und jetzt raten Sie mal, wie viele Lehrstellenangebote ich bekam. Richtig, eines, und das kam von einem Kölner Luxushotel, 30 Kilometer von meinem Zuhause entfernt.

Ich habe mir in dem ersten Jahr meiner Lehre wirklich viel Mühe gegeben, aber es ging einfach nicht. Oder es sollte nicht sein. Nach einem Jahr voller Missgeschicke, Fettnäpfchen und verprellter Gäste trennten Jenke und Hotel sich mehr oder weniger einvernehmlich. Und mir wurde klar, dass ich in Hotels künftig nur noch eine Position besetzen würde: die des Gastes.

Und genau das ist der Deal, als ich mich viele Jahre später überreden lasse, erneut in einem Hotel zu arbeiten. Als Berufetester natürlich – für einen Tag. Wobei es nicht irgendein Hotel ist, sondern das berühmteste Hotel der Welt, das Mandarin Oriental in Bangkok. Das Luxushotel schlechthin, in dem Kaiser und Könige nächtigten, Lady Di an ihrem Tee nippte und Mick Jagger genau am selben Tag anreisen soll wie ich. Ich soll das Mandarin Oriental zunächst als Gast einen Tag lang auf Herz und Nieren in puncto Service testen und am Tag darauf als Hotelbutler die andere Seite kennenlernen. Bangkok ist schön weit weg von Köln und das Oriental voller Geheimnisse. Da muss ich hin.

Ich genieße den Tag als Gast in vollen Zügen und beginne ihn mit einem opulenten Frühstück auf der Terrasse am Ufer des Chao-Phraya-Flusses, der direkt an meinem Frühstückstisch vorbeifließt. Bereits nach dem Omelette mit Riesengarnelen ist mir klar: Hier gefällt es mir, hier tragen sie dir wirklich lächelnd den Arsch hinterher. Und die Koffer. Meinen muss ich nicht einmal selbst auspacken, denn das macht Prejab, mein Butler. Warum glänzen meine alten durchgelatschten Schuhe eigentlich auf einmal wieder? Prejab war's. Und wer hat meinen Kulturbeutel fein säuberlich ausgepackt und den Inhalt, akkurat wie ein Chirurg sein OP-Besteck, neben dem Waschbecken angeordnet? Richtig! Prejab. Liegt es daran, dass alle Gäste gleich sind? Dass jeder von uns mit Koffer und Kulturbeutel reist und Prejab sich deshalb nur täglich wiederholt? Oder hat er Butlerfähigkeiten, die ihn einzigartig machen? Das muss ich herausfinden. Aber wie?

»Haben Sie hier auch deutsches Bier?« Jetzt habe ich ihn am Haken, meinen Prejab, der scheinbar jedes Problem seiner Gäste lösen kann. Mit dem deutschen Bier habe ich ihn in die Ecke gedrängt. Ganz sicher, ich höre schon seine Gedanken schnaufen, sehe seine Synapsen glühen. Nur warum lächelt er plötzlich?

Seit dreißig Jahren kümmert sich Prejab um die Reichen und Superreichen in diesem Hotel und erfüllt ihnen nahezu jeden Wunsch, so ungewöhnlich er auch sein mag. Dazu ist er diskret, verschwiegen und durch nichts mehr zu schocken.

»Also, wie steht es mit dem deutschen Bier, Prejab?« Ich lächle siegessicher und lasse mich auf das gemütliche Sofa in meiner 120-Quadratmeter-Suite fallen.

»Wir haben Paulaner und Königs Pilsner. Außerdem Heineken, aber das ist ja nicht deutsch, und Warsteiner. Ein Helles aus Berlin und diverse Dunkle aus Bayern. Du musst mir nur sagen, welches genau du willst, Jenke.«

Wie gesagt, es handelt sich um eines der besten Hotels der Welt, und Prejab ist ein Hotelbutler erster Güte.

Ich beende meinen Tag als Gast mit einem Glas Champagner in der Hand genau dort, wo ich ihn morgens begonnen habe, auf der Terrasse des Hotels am Ufer des Chao-Phraya-Flusses, der an diesem Abend ruhig durchs quirlige Bangkok fließt. Ich bin sehr gespannt auf den nächsten Tag, an dem ich die Seiten wechseln werde. Vom Gast zum Butler. Vom Bedientwerden zum Bedienen. Ich hoffe auf die eine oder andere Indiskretion meines Butlers Prejab, auf ein paar Geheimnisse und jede Menge Tricks. Und auf Mick Jagger, der mit seiner neuen Freundin soeben in die größte Suite des Hauses eingezogen ist. Die Aussicht auf den nächsten Tag ist eigentlich nur durch den frühen Dienstbeginn um sieben Uhr getrübt.

Mist! Das heißt um sechs Uhr aufstehen. Aua!

Prejab empfängt mich lächelnd am Dienstboteneingang, an dem ich erst mal meine Fingerabdrücke hinterlegen muss, damit ich durch die Eingangstür treten kann. Es ist ein sehr heißer Tag, und die Uniform, in die ich schlüpfen muss, besteht aus dickem Leinen, dazu eine breite Schärpe um die Hüfte, damit auch ja kein Luftzug unter die Uniform dringt. So schnell und stark, wie ich schwitze, kann Prejab gar nicht tupfen.

»Komm, wir gehen bügeln, Jenke.« Klasse Idee, denke ich. Bei dieser Hitze.

Prejab führt mich durch die verschlungenen Wege unter dem riesigen Hotel, Gänge hoch und Gänge runter. Bereits nach drei Minuten habe ich die Orientierung verloren. Er geht mir auch ein wenig zu schnell, oder seine Beine sind zu lang. Jedenfalls habe ich Mühe, Schritt mit ihm zu halten. Ich fühle mich wie Gretel ohne Hänsel, denn ich markiere den Weg zurück mit meinen Schweißtropfen. Endlich sind wir angekommen, die zwei Bügeleisen schon in Sicht.

»Aber wo ist die Wäsche, Prejab?«

»Keine Wäsche, wir bügeln die Tageszeitungen«, erwidert er ganz selbstverständlich. Was ich für einen Witz halte, gehört zur täglichen Arbeit eines Hotelbutlers im Oriental. Und was bei uns zu Hause die Blusen und Hemden sind, sind unter Prejabs Bügeleisen die *Bangkok Times* und die *Financial Times* oder auf Wunsch auch jede andere beliebige Tageszeitung. Zuerst ist das Deckblatt dran.

»Schön langsam und nicht zu heiß!«, mahnt Prejab. Mist, denke ich. Habe ich meine *Frankfurter Allgemeine Sonntagszeitung* etwa all die Jahre über falsch gebügelt? Hätte ich den Reiseteil nur bei 30 Grad und das Feuilleton besser mit 50 Grad plätten sollen?

»Warum in aller Welt bügelt jemand eine Zeitung?«, frage ich den schlaksigen und stets weise lächelnden Bügel-Butler.

»Damit die Zeitung beim Lesen die Finger nicht schwarz färbt!«

»Ach! Und das funktioniert? Is ja super. Haben Sie noch ähnliche Tipps?«, löchere ich ihn.

Das geheime Buch

Dann zeigt er mir, wie er mit Spiritus Besteck und Teller auf Hochglanz poliert und mit nur einem erbsengroßen Klacks Schuhcreme gleich zwei Paar Budapester zum Glänzen bringt. Wow, der Mann ist besser als meine Taschenbuchausgabe von *Was Großmutter noch wusste.*

Am meisten beeindruckt mich aber eine Gabe, die

ich nur durch Zufall bei Prejab entdecke. Er hat ein fotografisches Gedächtnis. Seine Augen arbeiten präzise wie eine Satellitenüberwachung. Wann immer ich während meines Arbeitstages als Butler etwas im Zimmer berühre, woanders hinstelle oder umarrangiere – wenn er hereinkommt, fällt es ihm sofort auf. Ich brauche einen Bleistift nur um wenige Zentimeter auf dem Schreibtisch zu verrücken, und bei Prejab geht offensichtlich ein stiller Alarm im Hirn los. Er gleitet wie auf Rollen zum Schreibtisch und korrigiert den Bleistift mit den Worten: »So muss er liegen!«

»Mhm, ist das jetzt eine Form von Autismus, oder gehört es zu den Fähigkeiten, die ein besonders guter Hotelbutler einfach draufhaben muss?«, will ich wissen.

»Es ist gut, wenn man aufmerksam ist«, antwortet Prejab bescheiden.

Stundenlang richten wir belegte Zimmer wieder her, räumen Koffer aus und Schränke ein.

»Wo wohnt denn eigentlich Mick Jagger?«, frage ich.

»Wer?«, fragt der dünne, schlaksige Servicegott irritiert.

»Mick Jagger, der Sänger der Rolling Stones. Der wohnt auch gerade im Oriental. Macht Urlaub mit seiner Freundin. Habe ich beim Frisör gelesen.«

Prejab ist der einzige Mensch, den ich kenne, der beim Gehen keine Geräusche macht, denke ich, als er sich wie schwebend zu seinem Pult am Ende des Korridors bewegt, um dort in sein allwissendes Buch zu schauen.

Für dieses Buch, grün und dick, würden Klatschreporter aus der ganzen Welt Hunderttausende von Dollar zahlen, denn es stehen die Vorlieben und Eigenheiten der wohlhabenden Gäste darin. Dazu noch ein paar intime Details, wer mit wem wann und mit wie vielen in der Suite verschwand. Wie zum Beispiel der CEO eines großen Weltkonzerns, der am liebsten gleich mit zwei Frauen die Nacht verbringt, oder Details über alkoholkranke Musiker, deren Minibar im Stundentakt aufgefüllt werden muss, bis hin zu den üblichen Marotten der großen Weltstars.

»Ah, da ist er. Mick Jagger. Ja, er hat die Royal Oriental Suite gemietet, mit knapp 300 Quadratmetern die größte, die wir haben.«

»Wie viel kostet die Übernachtung?«

»Etwa 3600 Euro. Aber ohne Frühstück. Das kostet extra.«

»Wie bitte?« Pause. Sprachlosigkeit. Aber nur auf meiner Seite.

»Und was steht sonst noch in dem geheimen Buch? Reist er auch privat mit Groupies? Will er, dass die Suite vorher lila tapeziert wird, oder badet er vielleicht am liebsten nackt in goldener Schokolade mit zwei blonden Schwedinnen auf der Schulter? Los, Prejab, erzähl schon!« Prejab schweigt. Und lächelt. Lange. Unbeugsam sein Blick.

»Komm, Jenke, wir haben noch viel zu tun. Wir wollen doch, dass sich die Gäste wohlfühlen.«

Als ich Tage später zu Hause unsere Sonntagszeitung bügele und darin von Mick Jagger und seiner Freundin lese, die Ruhe und Erholung in einem Bangkoker Luxushotel suchen, kommt meine Freundin in die Küche und schaut mich mit einem Blick an, der mehr sagt als tausend Worte. Nämlich ungefähr das: Wie lautet noch mal die Nummer vom psychosozialen Notdienst?

Nein, meiner Freundin kann ich mit einer gebügelten Sonntagszeitung keine Freude machen. Auch die anderen Gazetten liest sie lieber zerknittert. Schade.

Eine exotische neue Empfindung gegenüber Ordnung und Sauberkeit regt sich in mir: Mir gefällt es ... irgendwie. Meine komplette Kindheit über hatte ich mich geweigert, mein Zimmer aufzuräumen, und selbst heute muss ich es mir fest vornehmen. Ich stehe nicht auf Abwasch, und mit dem Staubsauger ziehe ich erst dann durch die Wohnung, wenn die Staubmäuse selbst beim zweiten Blick nicht mehr von echten Mäusen zu unterscheiden sind. Doch diese Tage im feinsten Hotel der Welt haben mich verändert. (Kurzzeitig, wie sich bald rausstellen wird.) Und plötzlich blicke ich für wenige Sekunden durch das kleine Zeitfenster zurück in die Vergangenheit und höre meine Mutter, die in meinem unaufgeräumten Zimmer vor mir steht und erneut mit dem Kammerjäger droht.

AUCH BEI PROMIS WOHNT DIE SCHABE
Kammerjäger – Berlin, Deutschland

Was haben ein Hotelbutler und ein Kammerjäger gemeinsam?

Sie sind zur Diskretion verpflichtet. Denn wenn sie über ihre Kundschaft plaudern würden, wären sie die schnell los. Und dabei stoßen wir auf eine zweite Gemeinsamkeit: die Kunden. In beiden Berufen hat man ab und zu mit Promis zu tun, denn auch beim deutschlandweit beliebten Fernsehmoderator kriechen nachts schon mal die Schaben über die teure Küchenzeile. Und im Designerbad tanzen die Silberfische Rumba.

Ach, Silberfische. Wie süß.

Ich fand Silberfische schon als kleiner Junge toll. Auch wenn sie nie mit mir spielen wollten. Sie haben ein futuristisches Design, obwohl es sie schon zu Zeiten der Dinosaurier gab, und legen einen atemberaubenden Raketenstart hin, wenn man das Bad betritt – womit sie sich als Objekte für meinen kindlichen Forscherdrang ausreichend qualifizierten. Meine Mutter mochte sie nicht so, und deswegen schnappte ich schon sehr früh in meiner Kindheit dieses hässliche Wort auf: Kammerjäger.

Wie kann man denn mit dem Töten anderer Lebewesen sein Geld verdienen?, dachte ich und riet den kleinen, glänzenden Wesen, sich schnell unterm Teppich im Bad zu verstecken, wenn meine Mutter nahte. Was sie auch dankbar taten. Und so hat der Kammerjäger unsere Wohnung niemals betreten.

Viele Jahre später stehe ich neben einem Mann, der sich »Kammerjäger« nennt und stolz erzählt, wie viele hundert Mäuse er in diesem Jahr schon ermordet hat. Schluck.

»Tun Ihnen die kleinen Dinger denn überhaupt nicht leid? Noch nicht mal ein kleines bisschen?«, will ich von ihm wissen. Kein Kommentar. Ist auch nicht nötig, denn die Antwort auf diese Art von Fragen hat er sich schon vor Jahren in seinen starren Gesichtsausdruck gemeißelt. Was habe ich erwartet von jemandem, der zu Hause in seiner Gefriertruhe erlegte Ratten aufbewahrt, um sie Menschen wie mir stolz zu präsentieren?

Packe ich bei all den anderen Berufen, die ich in den vergangenen Jahren ausprobieren durfte immer beherzt mit an, bin ich als »Kammerjäger für einen Tag« nicht dazu zu bewegen, den Henkershelfer zu spielen. Stattdessen überlege ich, wie ich die gerade aufgestellten Fallen wieder verschwinden lassen kann oder wie man im Notfall so ein kleines, unschuldiges Mäuschen reanimiert. Ich sehe mich schon mit einem Minidefibrillator Stromschläge in die kleinen Mäusebrüste jagen, um Micky und seine Freunde zurück ins Diesseits zu holen. Wer seine Kindheit mit Tom und Jerry, Mickymouse und Speedy Gonzales verbracht hat, kann die lustigen Nager doch nicht Jahre später einfach abmurksen!

Mein Boss für einen Tag unterbricht die trüben Gedanken und erzählt mir eine launige Anekdote von einem Jagdausflug. Denn auch privat jage er leidenschaftlich gern.

»War mal zur Bärenjagd in Russland. Herrlich. Hab da 'nen Riesenoschi geschossen und den Kopf als Trophäe mit nach Hause jenommen. Hab die Tragetasche eenfach in die Kofferablage über meinen Sitz jepackt. Ging ja damals noch. Heute darfste ja nich mal 'ne Flasche stillet Wasser mit im Flieger nehmen!«

»Ja, ja«, sage ich verstört und lächle verkrampft. »Das waren noch Zeiten damals«, und stelle mir dabei vor, wie ich ins Fach über meinem Sitz greife, weil ich mir etwas zu lesen rausfischen will, und dabei auf einen abgehackten Braunbärkopf glotze, weil so ein Typ wie der Kammerjäger so etwas gerne in seine Gefriertruhe stopfen möchte. Zur Unterhaltung seiner Tiefkühlratten.

Wer weiß, was der sonst noch so in der Kühltruhe liegen hat, schießt es mir durch den Kopf, als wir durch das Kellergewölbe eines Berliner Altbaus ziehen.

»Sind Sie eigentlich verheiratet?« Pause. »Ja.« Pause. Ende der Meldung.

»Guck ma einer an!«, durchbricht er freudig die soeben entstandene Stille. »Hab ick dir doch gekricht!« Vor uns liegt eine große tote Ratte, der er offenbar seit langer Zeit auf den Fersen war.

An dieser Stelle muss ich einräumen, dass Ratten jetzt auch nicht meine Lieblingstiere sind. Ich weiß, sie sind sehr schlau, sehen schlecht, haben dafür aber einen ausgeprägt feinen Geruchssinn. Meinem Sohn habe ich mal eine weiße Ratte geschenkt, als er sich einen Hund wünschte.

Solange sie mich in Ruhe lassen, lasse ich sie auch in Ruhe, lautet meine Devise.

Aus der Tiefkühlrattensammlung des Chefs

Mein Kammerjägerboss sieht das brutal anders. Er betrachtet sein Verhältnis zur Ratte als gestört, seit er weiß, dass die Tiere ihre eigenen Kinder als Giftvorkoster einsetzen. Wann immer er die tödlichen Köder als Futterdelikatesse getarnt aussetzt, beobachten die Ratteneltern (oder sollte ich sagen: Rabeneltern?), ob das neue Futter den Kleinen auch wohl bekommt. Drei Tage lang, so erzählt mir mein Boss, rühren die Eltern keinen Krümel an. Erst wenn die Rattenkinder nach diesem Zeitraum immer noch quietschfidel durch die Kellergänge rasen, greifen sie zu. Bleibt jedoch das Rattengetolle aufgrund einer tödlichen Vergiftung aus, hungern sich die Alten lieber zu Tode, als vom Gift zu kosten.

»Das is doch subtil. Die eigenen Kinder! Weißte jetzt, wat ick meine!«

Apropos Hunger. Die meisten Opfer gehen dem Kammerjäger nur in die Falle, weil sie mal Lust auf eine kleine Abwechslung im Speiseplan haben. Das wird ihnen dann zum Verhängnis. Es sei denn, sie sind so clever wie die Ratte oder so robust wie die gemeine Küchenschabe. Die kann ganz easy drei Monate ohne Nahrung auskommen, deswegen kann mein Kammerjägerboss sie nur fangen, wenn sie ihm auf den Leim geht. Und zwar im wahrsten Sinne des Wortes. Er legt nämlich ganz heimtückisch Klebestreifen aus, die mit einem Duftstoff beträufelt sind. Der muss so gut riechen, so sexy und so lecker, dass die Schabe über den Klebestreifen latscht und kleben bleibt. Für den Rest ihres Lebens. Vielleicht kommt daher der Spruch »jemandem auf den Leim gehen ...«.

Was für ein gemeiner Tod für die gemeine Küchenschabe. Wobei sich die Frage stellt: Wer ist hier eigentlich gemein? Doch wohl eher der Kammerjäger. Drei Monate festkleben, ohne Wasser und Brot, bis man verhungert ist. Das ist ja noch schlimmer als wakeboarden.

Und schon schaue ich auf die Packung mit den tödlichen Klebestreifen, um herauszufinden, aus welchem Land sie kommen. »Made in Guantanamo«, steht da bestimmt in leuchtend roten Lettern. Irrtum. Der Kammerjäger stellt die meisten seiner Henkersmahlzeiten selbst her. In liebevoller Heimarbeit und nur mit feinsten Zutaten. So auch den Todesstreifen, den er mit einer Mischung aus weiblichen Sexuallockstoffen und einer geheimen Gewürzmischung bestreicht. Wobei ich natürlich wissen will, wie er an die Sexuallockstoffe eine Küchenschabe kommt.

»Melken Sie die, oder wie?« Wieder so eine Frage, auf die es keine Antwort gibt. Schade. Das hätte mich nun wirklich mal interessiert. Immerhin ist ihm zu entlocken, dass die Schabe einen überdurchschnittlich starken Sexualtrieb hat und dass die Falle nur deshalb funktioniert. Das macht die Sache ja noch hinter-hältiger. Da kleben sie also, die armen Schaben, und haben nicht nur einen Riesenhunger, sondern sind währenddessen auch noch dauererregt. Was für ein erbärmlicher Abgang!

Für diese Solidarisierung wurde ich abgestraft. Monate später. Es geschah in Mauretanien, wo ich eine Reportage drehte. Das Hotel war nicht nur einfach, es war reduziert bis aufs Nötigste. Und es war das einzige in der Stadt, das über einen Internetzugang verfügte. Und da ich alte Romantiksau jeden Abend mit meiner Freundin skypen wollte, schluckte ich die bittere Pille, die ich schon kurz nach dem Kofferabstellen be-merkte – und die keine Pille, sondern eine Schabe war. Um genau zu sein, eine Schabe mit großer Verwandt-schaft, bestehend aus mindestens 50 Familienmitglie-dern. Sie waren sehr zutraulich, die kleinen gepanzer-ten Freunde. Lagen abends schon vor mir im Bett, machten es sich auf meiner abgelegten Kleidung bequem und warteten nachts im Bad auf mich, damit ich mich beim Pinkeln nicht so allein fühlte. Es war der blanke Horror.

Das andere Hotel der Stadt war nur wenige Meter entfernt. Dort wohnten keine Küchenschaben, wie ich von dem mürrischen Mann an unserer Rezeption erfuhr. Plötzlich hellte sich sein Gesicht durch ein Lächeln auf: »Die haben aber auch keinen Internet-anschluss.« Ätsch. Wie bereits erwähnt: Ich bin eine Romantiksau und blieb bei den Schaben mit Internet-anschluss. Viele Tage lang. Während es nächtlich auf dem Weg ins Bad unter meinen Füßchen knackte und platzte, musste ich unweigerlich an meinen Schnup-pertag als Kammerjäger denken. Was hätte ich jetzt für einen seiner Todesstreifen gegeben.

Es gibt Berufe, da weiß man schon im Vorfeld, dass die nichts für einen sind.

Der Kammerjäger gehört für mich ganz klar dazu, selbst nach meinem Aufenthalt im »Hotel zur gut vernetzten Kakerlake«. Und doch frage ich mich immer wieder: Wer wählt freiwillig diesen Beruf, und warum? Sind es Menschen, die jeden Abend mit der Liebsten skypen wollen? Oder sind es Leute, die als Kinder noch nicht mal Silberfische im Bad als Kameraden hatten? Oder was lief da schief?

DAS SPIEL DES LEBENS
Schlagersänger – Zillertal, Österreich

Einmal auf der Bühne stehen und singen. Vor Millionen Zuhörern, die gar nicht genug von einem bekommen können. Wer träumt nicht davon! Blumen fliegen auf die Bühne, Liebesbriefe, Lebkuchenherzen, Stofftiere und BHs. Herrlich. Meine Motivation, Schlagersänger zu werden, wäre damit ausreichend erklärt.

Jetzt brauche ich nur noch einen Chef, der mir zeigt, wo es langgeht, und mich unter seine Fittiche nimmt. Roberto Blanco zum Beispiel – hat keine Lust. Tony Marshall hat angeblich andere Termine, und die übrigen Relikte aus der guten alten HITPARDEN-Zeit sind auch nicht gerade Feuer und Flamme für meine Bewerbung. Aber warum überhaupt beim Fernsehen suchen? Ich will schließlich auf die Bühne und live mit meinen Fans Party machen. Und so finde ich den richtigen Mann ganz woanders, nämlich in der Abteilung Jagertee und Hüttengaudi.

Olaf Henning ist *der* Partykönig und verbringt wohl mehr Lebenszeit in Après-Ski-Hütten als auf dem heimischen Sofa. Ihm gefällt die Idee von Anfang an, und so verabreden wir uns ein paar Tage später für den gemeinsamen Tourneestart. Doch um eine Reihe von Konzerten geben zu können sollte man auch etwas zum Vortragen haben. Ein Lied muss her.

Zum Glück bin ich einigermaßen musikalisch, aber Noten sind für mich nur kleine schwarze Kleckse mit langen Strichen. Es fällt mir also nicht schwer, einen Song zu komponieren, nur niederschreiben kann ich ihn nicht. Ich brauche jemanden aus den Gelben Seiten, der sich damit auskennt und die Musik aus dem Kopf auf eine CD bringt. Die Melodie finde ich unter der Dusche, den Text auf einem langen Spaziergang, fertig ist der Hit: *Das Spiel des Lebens*.

Zwei Tage später stehe ich im Tonstudio und singe Zeile für Zeile ein:

Es war ein Sommer der Liebe
ein Sommer des Glücks
die Kraft der Gefühle
hat uns fast erdrückt …

Produzent Rudi hat in seinem Musikerleben wohl noch dämlichere Texte gehört und scheint deshalb nicht geschockt. Er dreht an unterschiedlichen Knöpfchen, die meine Stimme aus ihrer Schieflage holen, und hebt immer wieder den aufmunternden Schumacher-Daumen. Er hat im Übrigen auch den Hit *Zehn nackte Friseusen* zu verantworten und scheint mir auch deshalb der perfekte Mann für meine Schlagerkarriere zu sein. Die Boxen brummen, der Bass lässt die Scheibenwischer vibrieren, ich habe meine erste eigene CD im Player, rase über die Autobahn und kriege nicht genug von meinem Song und von den Glückshormonen, die mein Körper bei jeder Liedzeile ausschüttet.

Den Joker im Ärmel
das Ass auf der Hand
die große Liebe
ich hab sie erkannt …

Schnell noch ein paar schlichte Autogrammkarten ge-
bastelt und zehn Poster mit mir im Unterhemd bestellt,
lasziv der Blick, lässig die Haltung, so wie es die Schla-
gerfans mögen. Mit einem Karton meiner CDs unterm
Arm treffe ich Olaf Henning in der Raucherzone des
Düsseldorfer Flughafens. Braucht der Mann die Illusion von Bühnennebel, oder raucht er einfach nur
Kette?

Im Billigflieger auf dem Weg zur ersten Skihütte
plaudern wir über die Welt des Schlagers mit ihren
Höhen und Tiefen. Viel Geld lasse sich da verdienen,
sagt er. Schmerzensgeld, erfahre ich später.

Das ist das Spiel des Lebens
ich hab es gespielt
die Macht der Liebe
ich hab sie gefüühlt ...

Vom Flughafen geht es weiter mit dem Auto. Henning
schaut belustigt auf mein selbst entworfenes CD-Cover
und singt den Refrain bereits nach einmaligem Hören
mit: »Gar nicht schlecht. Das hat was. Kann auf jeden
Fall jeder mitsingen!«

Irgendwann verfliegt die gute Laune. Seit Stunden
sind wir auf der Landstraße unterwegs und kämpfen gegen Schneeflocken groß wie Rauhaardackel.
Nervös blickt Henning auf seine Armbanduhr. »Verdammt, wir kommen zu spät.« Er erzählt mir von
der Vertragsklausel für solche Fälle: Kommt der
Künstler mehr als dreißig Minuten zu spät zum Auftritt, kann ihn der Veranstalter wieder wegschicken.
Natürlich unbezahlt. Ein Fiasko für jeden Barden. Wir
kommen sogar über eine Stunde zu spät. Doch der
Veranstalter hat ein Einsehen, keine Alternative und

wohl auch ein gewisses Interesse an mir, dem neuen Supertalent.

Aus dem Auto geht es direkt auf die Bühne. Das hatte ich mir anders vorgestellt. Ich wollte mich einsingen, mental auf meinen Auftritt vorbereiten und vor allem in mein enges Unterhemd-Bühnenoutfit schlüpfen. Stattdessen stehe ich unvorbereitet und in meiner Daunenjacke schwitzend plötzlich vor dem glühweinseligen Publikum.

Es gibt Momente im Leben, da sollte man nicht drum herumreden, da sollte man es sagen, wie es ist. Hier ist so ein Moment: Mir geht die Muffe. Gewaltig. Und noch etwas: Ich bin gerade der Mann ohne Spucke.

Die Musik von meiner CD setzt ein, der Veranstalter stützt sich erwartungsvoll mit einem großen Bierhumpen in der Hand auf die Theke, und die Fans der Pistenhits rücken ganz nah zu mir an die Bühne heran.

Wir schworen uns Liebe
für alle Zeit
verdammt war'n wir glücklich
zu allem bereit ...

Die Gesichter vor mir lachen. Ob über den dämlichen Text, mein trockenes Stimmchen oder einfach nur, weil es ihnen gefällt, wissen sie wahrscheinlich selber noch nicht. Ich finde mich grauenhaft, bin viel zu nervös, um hier anständig zu performen, hefte meinen Blick an den Bierzapfhahn und rase dem Ende des Liedes entgegen.

Der Applaus ist nach meinem Geschmack viel zu groß, und ich stelle mir die Frage, wer verarscht hier wen? Doch bereits wenige Sekunden nachdem mein

Die Macht der Liebe, ich hab sie gefühlt ...

letzter Spucketropfen wie eine Sternschnuppe ins Publikum gesegelt ist, steht sie vor mir, die Renate, wie sie sich vorstellt. Sie hätte so gerne ein Autogramm. Ich erkläre mich bereit, es Olaf Henning auszurichten, sobald ihn die Ü30-Horde wieder freigegeben hat.

»Nein, nein. Ich möchte ein Autogramm von Ihnen, Herr Diamond!«, sagt die Renate, und ihr Strahlen macht dabei der Discokugel über ihrem Kopf Konkurrenz.

Herr wer? Ach stimmt ja, ich hatte mir ja einen Künstlernamen verpasst. Einen, den man sich leicht merken kann und der etwas Glanz in die Schlagerwelt bringt: Rico Diamond. Und genau so unterschreibe ich ab jetzt.

Für Gabi. Für Roswitha und auch für Ingo. Alles Liebe, Rico.

Dieser Mann hat es gespielt, das Spiel des Lebens.
Ricos Autogrammkarte

Die kommenden Tage sind kurz, die Nächte lang. Unsere Auftritte liegen, wie die der meisten Schlagerkollegen, immer weit nach Mitternacht. Eine Zeit, in der auch schon mal ein halb voller Bierbecher in Richtung Bühne segelt oder ein angebissenes Frikadellenbrötchen – je nach Stimmung. Enthemmte Frauengruppen packen einem um diese Uhrzeit, durch diverse kleine Feiglinge ermutigt, auch gerne mal unaufgefordert an den Arsch, und ich frage mich:

Ist das etwa Rock 'n' Roll?

»Du musst unbedingt dem Bohlen vorsingen!« Ich weiß nicht mehr genau, wer mir diese Flause in den Kopf gesetzt hat, aber wenn jemand erfolgreiche Eintagsfliegen produziert, dann doch wohl der Dieter. Dank meiner guten Kontakte zu einem kleinen Kölner Privatsender stehe ich schon wenige Tage später in der Garderobe von Dieter Bohlen. Er ist gut drauf an diesem Tag, in wenigen Minuten beginnt eine weitere Folge von *Deutschland sucht den Superstar*.

»Musste nicht mehr lange suchen, Dieter, da bin ich schon!«

Gut, es gibt Witze, die werden erst beim wiederholten Erzählen lustig, doch so viel Zeit gibt mir Dieter nicht.

»Los, fang endlich an«, knödelt er, auf dem Sofa sitzend, während er sich meine CD anschaut. Ich schiebe die CD in den Gettoblaster, knie aus Platzgründen auf nur einem Knie direkt vor seiner Nase und sing ihm direkt ins sonnenverwöhnte Gesicht:

»... das Spiel des Lebens, ich hab es gespielt,
die Macht der Liebe, ich hab sie gefühlt,
den Joker im Ärmel, das Ass auf der Hand,
verdammt waren wir glücklich, jetzt hab ich's erkannt,
das Spiel des Lebens, tut manchmal weh ...«

Bohlen lacht. Am Anfang jedenfalls. Mit jeder neuen Zeile dann weniger. Vierundzwanzig verschiedene Mimikmuskeln hat der Mensch im Gesicht. Bohlen nach meiner zweiten Strophe höchstens noch die Hälfte.

»Stopp! Das reicht, das reicht.« Er will nach dem Kassettenrekorder greifen. Doch meine Hand ist schneller.

»Eine Strophe noch, Dieter. Jetzt wird es erst richtig gut«, versuche ich ihn zu ködern.

»Nein. Mir reicht's!«, stoppt er meinen Auftritt.

»So – und was genau willst du jetzt von mir wissen?« Er schaut mich fassungslos und gleichzeitig gelangweilt an.

»Ich möchte von dir wissen, wie gut ich war?«, sage ich dümmlich strahlend, obwohl ich mit meinem Auftritt wieder einmal nicht zufrieden war. Ich war zu nervös, hatte die falsche Tonlage erwischt und war, was die Höhe der Melodie angeht, bereits nach kurzer Zeit tief in den Abgrund gestürzt. Alles in allem ein ganz mieser Auftritt.

Jenke: null Points.

So sieht es auch Dieter und rät mir, mich schnellstmöglich wieder aus der Musikwelt zurückzuziehen. In Herrgotts Namen. Ich glaube, er hat mir aus lauter Entsetzen nicht einmal die Hand zum Abschied geschüttelt.

»Geschüttelt oder gerührt?« Zurück im österreichischen Tiefschnee, will der Besitzer einer Diskothek erst einmal einen mit Olaf und mir trinken. Oder auch drei. In zehn Minuten sollen wir der Menge ordentlich einheizen, so unser Auftrag. »Macht sie platt!«, nennt er das.

Der Laden ist gut gefüllt, und zwei Go-go-Girls, die kaum bekleidet im Käfig rumturnen, sollen den jungen Gästen Lust machen. Aber auf was? Auf Schlagermusik? Oder kommt gleich nach uns noch ein Striptänzer? Egal, Henning feuert einen Hit nach dem anderen ab, und die Zuschauer – schweigen. Sie blicken ihn mit offenen Mäulern an, die Körper zur Salzsäule erstarrt. Henning fühlt sich herausgefordert, legt noch einen drauf, gibt noch mehr Gas und wirkt wie ein Hamster auf Ecstasy. Er fordert die stummen Geister auf mitzuklatschen, die Arme hochzureißen, den einfachen Refrain nachzusingen: »Seid ihr bei mir?«, brüllt er die Menge an. Nee! Schweigen die ihm entgegen. Die sind so weit weg von ihm, wie man nur weg sein kann. Henning kapituliert und verlässt vorzeitig die Bühne. Aber nur um sie mir zu überlassen. Mir ist klar, dass ich so schnell wie nur möglich unter diese Leute muss, ganz nah an sie ran, sie ansingen, mal eine Frau in den Arm nehmen, damit hier wenigstens irgendetwas passiert. Ich stoße wenigstens auf einzelne lächelnde Gesichter, aber eine begeisterte, ausgelassene Stimmung sieht anders aus. Nach knapp dreißig Minuten ist der Henning/Diamond-Spuk zu Ende, und wir steuern, von drei klatschenden Händen begleitet, in Richtung Bar, wo der Veranstalter schon wieder mit diversen Alkoholika bereitsteht.

»War doch gar nicht übel«, strahlt er mit inzwischen knallroten Bäckchen: »Ich meine, dafür, dass das alles Russen waren, die kein Wort Deutsch verstehen.«

VORSICHT! OLLI GEISSEN SPUCKT
Lockvogel – Köln, Deutschland

Alles lief schief! Weil es schieflaufen musste. Weil nur dann das Prinzip der »Versteckten Kamera« funktioniert und sich der Zuschauer schlapplacht.

Ist das überhaupt ein Beruf, Lockvogel? Also, eine Tierart ist es nicht, das habe ich gegoogelt.

Etwa drei Jahre lang wurde ich als Lockvogel bezahlt. Meist von RTL, aber auch die Kollegen von der ARD engagierten mich für die Sendung *Verstehen Sie Spaß?* Da ich ausdrücklich als Lockvogel gebucht und entlohnt wurde, erkläre ich diese Tätigkeit hiermit zum Beruf. Basta. Doch wie wird man ein Lockvogel?

In meinem Fall: früh. Denn ich war schon mit 14 Jahren einer. Da schlüpfte ich in meinen Konfirmationsanzug mit Weste und Hemd und kontrollierte die Fahrscheine im öffentlichen Nahverkehr der Stadt Bonn. Mit einem Freund, der ähnlich verkleidet war, stiegen wir an immer derselben Haltestelle in den Bus und ließen den Fahrer so lange warten, bis wir alle Fahrgäste kontrolliert hatten. Oder wir fuhren ein paar Haltestellen mit, schauten uns jeden einzelnen Fahrschein an, hielten ein Pläuschchen und beantworteten Fragen nach Umsteigemöglichkeiten.

Schon damals hatte ich begriffen: Je entschlossener

und selbstverständlicher man auftritt, desto größer ist die Chance, den Menschen alles Mögliche unterzujubeln.

»Die Fahrscheine bitte!« musste in einem Atemzug durchgesprochen werden.

Nicht überartikuliert, nicht zu sehr genuschelt. Etwas genau dazwischen musste es sein. Einfach raus mit dem Satz, so als spräche man ihn täglich mehrere hundert Mal. Ich habe die »Kontrolleurnummer« wirklich oft durchgezogen, immer wenn es uns Jugendlichen langweilig war. Nicht ein einziges Mal hat jemand an meiner Berechtigung gezweifelt oder meinen Dienstausweis verlangt. Selbst die Busfahrer nicht, die sich doch wirklich hätten wundern müssen, warum die Stadt Bonn plötzlich pubertierende 14-Jährige in Konfirmationsanzügen als Fahrscheinkontrolleure einstellt. Das war quasi meine Lehrzeit. Darauf aufbauend, verfeinerte ich meine Fähigkeiten.

Als unfreiwillige Trainingspartnerin pickte ich mir meine geliebte Mama heraus. Ich rief sie regelmäßig von der Telefonzelle aus an und versuchte, ihr alles Mögliche anzudrehen. Mal hatte sie in einem Preisausschreiben gewonnen, mal war ich von der Telekom, die damals noch Post hieß, und ließ sie mit einem Zollstock die Länge des Kabels vom Telefon bis zur Wand zentimetergenau nachmessen. Andere Anrufer hätten sich über ein ständiges Knacken in der Leitung beschwert, begründete ich mein etwas seltsames Begehren. Nur selten, meist wenn mein Anliegen einfach zu absurd war, unterbrach meine Mutter das Gespräch mit immer denselben Worten: »Jenke? Das bist du schon wieder, oder? Du verrückter Hund!« Und dann lachte sie herzhaft. Noch heute erzählt sie mir von meinen Aktionen und dass sie selbst früher auch so einen Quatsch gemacht habe. Meine Mutter ist also in Wirklichkeit meine Lockvogel-Lehrmeisterin gewesen.

Ich wurde im Laufe meiner Lockvogeljahre so überzeugend, dass ich schließlich damit Geld verdiente. Für die ARD-Sendung *Verstehen Sie Spaß?* sollte ich den Moderator Oliver Geissen reinlegen. Ich sollte einen Chauffeur spielen und hatte den Auftrag, ihn und seinen – eingeweihten – Manager zu einer Autogrammstunde zu kutschieren. Der Spaß daran: Ich war nicht nur ein Chauffeur ohne Führerschein, sondern gleichzeitig auch noch Zuhälter, Alkoholiker, Dealer, Temposünder und von der Polizei Verfolgter. Mit anderen Worten: ein Chauffeur gewordener Albtraum.

Aber fangen wir vorne an: Es regnete in Strömen, als ich mit hoher Geschwindigkeit über die Landstraße bretterte. Ich hatte am Tag zuvor Fahrstunden von einem Stuntman bekommen, schließlich musste ich mir mit Olli Geissen auf der Rückbank eine rasante Verfolgungsjagd mit der Polizei liefern, zwischen Minenfeldexplosionen manövrieren und zum Showdown durch eine riesige Plakatwand krachen. So etwas sollte man vorher üben. Auch aus Versicherungsgründen :-)

Während der Regen gegen den Wagen prasselte und der Scheibenwischer auf Hochtouren lief, hielt ich in der einen Hand eine Dose Bier, in der anderen mein Handy. Lautstark stritt ich am Telefon mit meinem erfundenen Freund Acki, schrie ihn zusammen, drohte, ihm bei Nichtbezahlung die Ohren abzuschneiden – und zwar erst das eine und dann das andere. Dabei schaute ich unauffällig in den Rückspiegel, wie und ob Geissen auf diese Show reagierte. Er schien ein bisschen blass, was aber auch an dem Grau des Tages gelegen haben kann. Nachdem ich das Telefongespräch beendet hatte und den Wagen wieder stark beschleunigte, fragte mich Geissen von hinten: »Sag mal, wer ist denn dieser Acki? Und warum willst du ihm die Ohren abschneiden?« Ich konnte mein Lachen kaum unterdrücken und versuchte schnell, es ganz natürlich in meine Antwort einzuweben: »Ach, das sind Geschichten, von denen du nichts wissen willst ... Ich habe ihm etwas verkauft, und er hat nicht bezahlt. So etwas macht man einfach nicht.«

»Was hast du ihm denn verkauft?«, hakte der Talkshowspezialist nach.

»Ein paar Kartons Zigaretten. Sind vom LKW gefallen. Falls du weißt, was ich meine ...«

»Mhm«, murmelte er. In dem Moment trat ich voll in die Eisen, und der schwere Wagen rutschte auf den schlammigen Seitenstreifen.

»Das darf doch wohl nicht wahr sein! Spinnen die denn jetzt total? Sekunde, Olli, bin gleich wieder da!«, und damit stürmte ich aus dem Auto auf die beiden Prostituierten zu, die bei strömendem Regen auf hohen Hacken und im Minirock ihrer Arbeit nachgingen. Wenigstens taten sie so, als wäre das ihr Job. Sie waren natürlich keine echten Nutten, sondern Schauspielerinnen. Ich brüllte die beiden so laut an, dass Geissen im Wagen auch jedes einzelne Wort verstand. Zum Schluss ließ ich mir für alle sichtbar ihr Bargeld geben und stapfte wütend zurück zum Auto. Mit einem »Spinnen die denn heute alle?« schlug ich die Wagentür hinter mir zu und ließ den 300-PS-Motor aufheulen.

»Das darf doch alles nicht wahr sein!«, regte ich mich künstlich auf.

Geissen und sein Manager schauten sich an. »Sag mal, Snake« – so hatte ich mich ihnen vorgestellt: »Thomas Schnake, genannt Snake« –, »was machst du eigentlich noch so außer Autofahren und Zigarettenschmuggeln?«

»Was meinst du damit, Olli?«, tat ich ahnungslos.

»Na ja, die Mädchen da gerade eben. Die stehen doch da nicht einfach so rum, oder?« Wieder musste ich lachen, seine trockene Art machte es mir schwer, ernst zu bleiben.

»Wie soll ich dir das erklären? Weißt du, ich passe ein wenig auf die Mädchen auf, damit ihnen nichts passiert. Sind ja gefährliche Zeiten, in denen wir leben. Hab ich recht? Und im Gegenzug geben sie mir ein bisschen von ihrem verdienten Geld ab. Geben und nehmen, du weißt schon.«

»Ja, ja, verstehe«, erwiderte Olli daraufhin und verdrehte die Augen, als er seinen Manager anschaute.

»Greif mal in das Fach vor dir im Sitz!«, forderte ich ihn stolz lächelnd auf. Wir hatten dort ein paar Hochglanzfotos junger Mädchen versteckt, spärlich bekleidet und in aufreizenden Posen natürlich. Die hielt er jetzt in der Hand und zeigte sie seinem Manager: »Nette Mädchen.«

»Ja, da hast du recht, Olli. Und weil ich dich mag, darfst du dir eine aussuchen. Auf Kosten des Hauses sozusagen. Dein Freund neben dir übrigens auch.«

»Nee, lass mal, ist schon gut. Kein Interesse!«, lehnte Geissen ab und sein Manager natürlich auch. Der spielte seine Rolle übrigens verdammt gut.

»Nun komm schon, Olli, sind doch hübsche Mädchen. Ich erzähl es auch niemandem. Na, welche gefällt dir am besten?«, lockte ich weiter. Olli schaute die Bilder noch mal durch und lehnte erneut dankend ab.

Keine typischen Männerkommentare. Hatte er die »Versteckte Kamera« schon längst gerochen?

Als Lockvogel muss man feine Antennen haben. Man muss schnell reagieren, wortgewandt und kreativ sein. Man muss spüren, wie weit man das Spaßopfer drangsalieren darf und ab wann es einfach zu viel wird, zu unglaubwürdig, sodass die ganze Geschichte platzt. Denn das Gelingen und auch das Scheitern einer »Versteckten Kamera« hängt – mal abgesehen von Pannen bei der Kameratechnik – ausschließlich vom Lockvogel ab. Er ist der Dompteur, der spüren muss, ob er den Löwen noch mal durch den brennenden Ring springen lassen kann oder ob er langsam zickt. Im Laufe meiner Jahre als »Lockvogel« sind natürlich diverse Versuche misslungen, aber es lag ausschließlich an den Kameras, die von der Crew so schlecht versteckt wurden, dass die Opfer sie recht schnell entdeckten. Wie versteckt man eine Kamera denn schlecht?, höre ich Sie jetzt fragen. Es gab eine Zeit, da waren Spiegelschränke schwer angesagt, und überall, wo Leute vor laufender Kamera verarscht werden sollten, stand plötzlich ein solcher Spiegelschrank herum. Auch wenn er gar nicht zur Einrichtung passte. Oder steht in Ihrem Eiscafé auch ein großer Spiegelschrank aus Buchenfurnier gleich neben der Theke? Eben! Das sind dann solche Momente, in denen nur noch eine blöde Frage, eine absonderliche Situation dazukommen muss und selbst die Menschen, denen Denken sonst wehtut, wissen, dass etwas nicht stimmt: »Is dat hier versteckte Kamera, oder wie?«

Olli Geissen arbeitete da subtiler. Er spuckte mir inzwischen schlückchenweise Bier in den Nacken. Er hatte dann doch plötzlich eine Dose von mir angenommen. Die Situationen, in die ich uns brachte, wurden immer gefährlicher. Mittlerweile jagte uns ein Polizeiauto mit Blaulicht und Sirene über das präparierte Gelände. Mein rechter Fuß sank schwer wie ein Betonklotz aufs Gaspedal und verharrte dort.

»Halt endlich an. Du machst alles nur noch schlimmer, wenn du versuchst abzuhauen!«, rief Olli. In diesem Moment verschwanden meine Zweifel, er könnte unser Vorhaben längst durchschaut haben. Bis zu diesem Moment hatte er so cool und kontrolliert reagiert, wie es nur Spaßopfer tun, die wissen, dass sie Gast bei der *Versteckten Kamera* sind, und eine besonders gute Figur abgeben wollen. Aber wer ständig ruft: »Halt, halt an, verdammt!« und dabei Bier spuckt, wer sich erst nach einer Stunde Autofahrt auf dem Rücksitz anschnallt und sich bei gefährlichen Manövern hinten zusammenkauert – der wirkt nicht mehr besonders kontrolliert. Ein gutes Zeichen für mich! Jetzt wusste ich, dass alles funktioniert hatte und die ZVZP (zu verarschende Zielperson) auf uns hereingefallen war.

Die letztendliche Bestätigung und Ausräumung aller Zweifel folgt aber immer erst bei der großen Auflösung. Wenn man dann als Zuschauer und auch als Lockvogel sieht, wie die Gesichtsmuskulatur der ZVZP plötzlich ihr Eigenleben entwickelt, wie sie – nur für den Bruchteil von Sekunden – blöd in die Kamera glotzt, dann weiß man: Jawohl! Den haben wir gekriegt!

Wenn das Opfer dann auch noch die Dreharbeiten verlässt, ohne sich beim Lockvogel zu beschweren, zu bedanken oder auch nur zu verabschieden – dann kann man hundertprozentig sicher sein, alles richtig gemacht zu haben.

So wie an diesem Tag. Nachdem ich Olli Geissen

während der Verfolgungsjagd mit der Polizei noch rasch gestand, überhaupt keinen Führerschein zu besitzen, und nachdem ich ihn bei der vorausgegangenen Polizeikontrolle zum Dealer der sechzig geklauten Handys in meinem Kofferraum machte, verschlug es ihm endgültig die Sprache, während eine unsichtbare Kraft ihn immer tiefer in den Rücksitz drückte.

Zeit fürs große Finale. Und zu dem hoben Olli, sein Manager, der 300-PS-Wagen und ich ab, um durch eine riesige Plakatwand zu fliegen. Was für ein Spaß für alle Beteiligten!

Und was für ein Albtraum für den Moderator Geissen. Seine Mimik schien ihm nicht mehr gehorchen zu wollen, nachdem die Fernsehkameras auf ihn losstürmten und die erlösenden Worte fielen: Willkommen bei *Verstehen Sie Spaß?*

Verstand er Spaß? Ich bin mir da bis heute nicht sicher.

Ohne mit mir noch ein Wort zu sprechen, verließ er kurze Zeit später den Set. Und als ich ihn später einmal im Flieger nach Berlin traf, schaute er demonstrativ aus dem Fenster, als ich die Maschine betrat. Hätte ich gewusst, dass er in der Maschine sitzt, hätte ich mir vorher eine Pilotenuniform ausgeliehen.

»SFAHRE KAPUTE VIELE STEINE ZAHLE«

Gondoliere – Venedig, Italien

Wer glaubt, eine Gondel auf dem Canal Grande zu fahren sei vergleichbar mit einer Kanutour auf dem Rhein, irrt sich. Aber gewaltig. Es ist verdammt schwer, die knapp elf Meter langen Boote überhaupt zu bewegen, sie zu lenken und zu bremsen ist nahezu unmöglich. Jedenfalls für einen Fernsehreporter ohne jede Erfahrung in der bemannten Schifffahrt. Aber Gondoliere soll ein Traumjob sein: Die Frauen liegen einem zu Füßen, der Verdienst ist exquisit, und all das unter der strahlenden Sonne und vor der atemberaubenden Kulisse Venedigs. Also muss ich jemanden finden, der mir das Gondolieren beibringt, mir außerdem seine wertvolle Gondel anvertraut und, wenn möglich, das eine oder andere intim-pikante Detail eines richtigen Machos noch dazu. So viel zu meinem Wunschzettel. Seit Stunden latsche ich jetzt durch die Stadt der feuchten Wände auf der Suche nach »meinem Mann«. Einen Mangel an Gondolieri gibt es in Venedig nun wirklich nicht. Zurzeit sind es exakt 425 und eine Frau, die aber genau genommen keine ist. Also keine richtige Gondoliera, sagen ihre männlichen Kollegen. Sie darf nur im Auftrag eines Hotels eine spezielle Route fahren, nachdem sie lange gegen das Gesetz der Zunft geklagt hatte, das Frauen den Zugang zu diesem ehrwürdigen Beruf verbietet. Irgendwann und irgendwie hat sich die Stadt dann mit ihr geeinigt. Seitdem darf sie sich zwar Gondoliera nennen, aber nicht am regulären »Gondelstraßenverkehr« teilnehmen. Die Lagunen-Machos haben sich wieder einmal durchgesetzt.

Und warum exakt 425 Macho-Gondolieri? Weil es nur eine begrenzte Anzahl von Lizenzen gibt, momentan eben 425. Man möchte den Kreis klein und überschaubar halten, denn es geht, wie in jedem Fahrgeschäft, um sehr viel Geld. So viel Geld, dass der Beruf des Gondoliere mittlerweile einer der begehrtesten Jobs Italiens ist, vergleichbar mit einer Lizenz zum Gelddrucken. Ein pfiffiger Steuermann, der attraktiv aussieht, gut singen kann und es mit dem Finanzamt nicht allzu genau nimmt, verdient leicht 10 000 Euro im Monat. Spitzenkräfte sogar noch mal 5000 Euro mehr.

Und deswegen sind die Lizenzen streng limitiert und können nur vererbt oder verkauft werden. Alle paar Jahre, wenn es keinen Erben gibt, wird eine solche Zulassung von einem Gondoliere an einen Neueinsteiger weitergereicht. Das letzte Mal passierte das 2009. Für eine halbe Million Euro, erzählt mir Raoul, den ich schließlich als meinen Fahrlehrer und Protagonisten dieser Geschichte ausgewählt habe. Was ihn qualifiziert? Er ist lustig, pflegt das Italo-Klischee und spricht Deutsch. Glaubt er jedenfalls. Ich verstehe nur jedes siebte Wort und im Laufe des Arbeitstages dann noch weniger, weil er immer schludriger spricht. Dazu singt er auch noch schief und krumm und immer nur die erste Strophe der italienischen O-Sole-mio-Schnulzen. So einen Mann muss man doch buchen.

Das Vaporetto, die Gondel, Raoul, ich und die Kommunikation

Raoul nennt es Glück, ich nenne es beste Beziehungen, die ihm zwar nicht die Lizenz, aber wenigstens einen Job als Gondoliere eingebracht haben. Wer eine Lizenz besitzt, muss nämlich nicht mehr selbst rudern, er lässt rudern. Nachdem Raoul die vorgeschriebenen 300 Stunden Stadtgeschichte und weitere 300 Stunden Sprachkenntnisse in Englisch und Französisch durchgeackert hatte, bekam er den Gondoliere-Führerschein, aber noch lange keinen Job. Da er, im Gegensatz zu vielen Kollegen, keinen zweiten Beruf erlernt hatte, stand Raoul also erst mal ein paar Jahre in deutschen Eisdielen herum und lernte dort sein Vanille-Schoko-Erdbeer-Deutsch. Eines Tages klingelte sein Telefon, und ein Freund bot ihm über Umwege einen Job als Gondoliere an. Raoul griff sofort zu und zog zurück in seine Geburtsstadt Venedig.

Und genau da stehen Raoul und ich jetzt in seiner

Gondel. Mir läuft der saure Angstschweiß erst über die Stirn, dann über Brust und Rücken, die Arme hinunter direkt in die Hände, bildet dort eine Pfütze und macht sich dann weiter auf den Weg meinen Körper hinab bis in die Schuhe, in denen er dann zum Takt meiner Ruderschläge quietscht. Warum? Weil ich gerade verzweifelt versuche, dem öffentlichen Nahverkehr zu entkommen, der da gerade in Form eines wild hupenden und mit Hunderten von Menschen beladenen Vaporettos auf mich zusteuert. Mitten auf dem Canal Grande. David gegen Goliath, nee, besser noch: MS Europa gegen Nussschale. In diesem Moment höchster Anspannung vergesse ich, wo vorwärts und rückwärts ist, und rudere auf der Stelle. Wie erbärmlich! Raoul wird ebenfalls langsam unruhig, will es sich aber noch nicht anmerken lassen. Die umherdümpelnden Gondelkollegen zeigen bereits lachend in unsere Richtung, und der Kapitän des Vaporettos scheint Gefallen an dem Klang seiner Hupe gefunden zu haben. Schließlich starren mich jetzt auch noch alle Touristen um uns herum an und greifen lachend zu ihren Fotokameras.

Endlich greift Raoul ein, nimmt mir das Ruder aus der Hand und beschleunigt die Gondel derart schnell, dass wir Sekunden später die Hauptverkehrsader der Stadt wieder freigegeben haben. Uffz.

Es ist übrigens gar nicht selten, dass Gondel und Stahl-Vaporetto aneinandergeraten. Immer wieder schätzt einer der Beteiligten seine Geschwindigkeit falsch ein, oder es geht um Stolz, Revierverhalten oder einfach nur um Machogehabe. Die Gondel juckt das Stahlboot nicht, andersrum hinterlässt so ein Crash schmerzhafte Spuren. Vor allem im Geldbeutel des Besitzers. Die Gondeln sind aus acht verschiedenen

Holzsorten und unzähligen Einzelteilen zusammengesetzt, und allein ihre schwarz glänzende Lackierung kostet 3000 Euro. Das ganze Boot gibt es übrigens ab 36 000 Euro. Nackt, also ohne Sitze, Polster, Messingverzierungen und Ruder.

Klar, dass Raoul da irgendwann unruhig wird, wenn ich planlos im Wasser rumstochere. Er wählt ein weniger öffentliches Terrain für meine Fahrstunden und lässt die Gondel elegant durch die ruhigen Seitenkanäle gleiten. Hier herrscht absolute Stille, nicht nur im Wasser, auch an Land. Keine Menschen in Sicht, nur deren Wäsche auf hochgespannten Leinen. In den Seitenarmen steht die Zeit still, und die Sonne ruht sich hier aus. Friede, so weit das Auge reicht und so lange Jenke nicht am Ruder steht.

»Dasse lanke hiere«, knödelt mir Raoul mit großer Selbstverständlichkeit entgegen. Er scheint seine Worte für akzentfreies Hochdeutsch zu halten.

»Wie bitte?«, frage ich reflexartig, obwohl ich in den letzten Stunden bereits herausgefunden habe, dass es überhaupt keinen Sinn macht nachzufragen, weil Raoul sein Nichtdeutsch sowieso nur penibel wiederholt.

»Dasse lanke hiere«, wiederholt er ruhig und drückt mir dabei das Ruder in die Hand. Ah, verstehe! Es wird etwas mit Lenken zu tun haben. Vielleicht meint er: Hiermit kannst du lenken, oder: Ab jetzt lenkst du wieder. Man muss kombinieren können, um Raoul zu verstehen.

»Sfahre kapute viele Steine zahle«, lächelt er mir nickend und zugleich warnend zu.

Mhm, gib mir 'ne Sekunde, Raoul. Ich hab's gleich ... *Sfahre kapute viele Steine zahle* ... was könnte das heißen? »Fahre ich das Ding kaputt, muss ich viele Steine zahlen?« Oder: »Fahre ich die Steine kaputt, muss ich viel zahlen?« Könnte auch bedeuten: »Ich bin kaputt, fahr du.« Ich nehme Umschlag B und tippe auf die kaputten Steine. Bingo! Das war's!

Fährt ein Gondoliere gegen eine Mauer, eine Brücke oder eine Uferbefestigung aus Stein, muss er den Schaden mit pauschal 1500 Euro bezahlen. Zusätzlich wird er mit einem Bußgeld von 300 Euro und einer Woche Fahrverbot bestraft. Und weil der gutmütige und stets dieselbe Liedstrophe singende Raoul das nicht riskieren will, nimmt er mir, wann immer sich mir Steine in den Weg stellen, lächelnd das Ruder ab und umfährt trällernd das teure Hindernis. Natürlich ist auch Raoul schon ins Wasser gefallen oder hat sich den Kopf an einer der extrem niedrigen Brücken gestoßen, aber darüber redet er nicht gerne. Berufsscham.

Was ist ein Gondoliere ohne Fahrgäste? Eine traurige Gestalt. Deshalb überrede ich ein deutsches Pärchen, in meine Gondel zu steigen. Anfangs finden sie die extrem langsame Fahrt mit mir noch toll, doch nach knapp zwei Stunden ohne jeglichen Schutz in der prallen Mittagssonne sinkt ihre Laune zusehends. Gondoliere Jenke braucht länger als alle anderen, um Strecke zu machen, seine Gäste eine Extraportion Sonnencreme. Hier noch ein Kanälchen, dort noch ein Seitenärmchen, ja, ja versprochen: Wir setzen Sie gleich wieder am Ausgangspunkt ab. Doch wo war der gleich? Ich habe die Orientierung mittlerweile vollends verloren und kann Raoul nicht vermitteln, wo ich eigentlich hinwill. Das liegt ausnahmsweise nicht an ihm, sondern daran, dass ich überhaupt keine Ahnung habe, wo ich hinwill. So gurken wir plan- und ziellos durch die 35 Grad heiße Lagunenluft und ahnen nicht, dass wir bereits in wenigen Sekunden die neuen Stars einer internationalen Kinoproduktion sein werden. Allerdings ohne Fans. Ich möchte sogar noch einen Schritt weitergehen und behaupten: mit jeder Menge Feinden. Wir rudern mitten in die Kulisse bzw. Szene der neuen, zwölf Millionen Euro teuren Sissi-Verfilmung. Die Menschen um uns herum tragen Kostüme von anno dazumal und wollen gerade eine Einstellung drehen. Doch plötzlich stehen wir mit unserem Boot zwischen Hauptdarstellern und Regisseur – und haben damit die Szene ruiniert. Die Dreharbeiten müssen unseretwegen unterbrochen werden. Buhrufe, Drohungen und jede Menge wild herumfuchtelnde Menschen um uns herum. Sorry. War keine Absicht. Die Zurufe der verärgerten Filmcrew werden immer lauter und meine Ruderschläge immer schneller. Aber unter Stress lässt es sich noch schlechter gondeln, und so dauert es gefühlte Stunden, bis wir hinter der nächsten Ecke verschwunden sind und die Sissi ihren Franzl wieder ganz allein für sich hat. Meine Fahrgäste maulen jetzt auch: »Wir wollen aussteigen.« Und das versteht selbst der nichts verstehende Raoul.

»Ah, framan ufer ruck«, lächelt er voller Triumph im Gesicht. »Wie bitte?«, schaue ich ihn entgeistert an. »Ufer ruck«, wiederholt er noch mal, damit auch sein begriffsstutziger Hilfsgondoliere endlich versteht, was die Gäste wünschen: Framan? ... Framan? Könnte heißen: Fahr, Mann! Oder: Fährmann. »Ufer ruck«, ist klar: Zurück zum Ufer! Ja, so etwas in der Art wird Raoul wohl meinen. Danke, treuer Rudergeselle, der du mir immer wieder sprachliche Rätsel mit auf den Wasserweg gibst. Ich entdecke Stolz in Raouls Augen, als ich zurück ins Hafenbecken steuere. Stolz, weil er meine Sprache so gut beherrscht, dass ich selbst seine komplizierten nautischen Anweisungen umgehend befolgen kann.

Als ich dem Pärchen aus Oberbayern beim Verlassen der Gondel helfe, flüstert mir der Mann noch eine letzte, ihn seit Stunden drängende Frage ins Ohr: »Was für eine Sprache hat der eigentlich die ganze Zeit gesprochen?«

   Und seine Frau fügt hinzu: »Wir haben kein einziges Wort verstanden!«

Pausenbank nur für unsereiner

SO WEIT DIE SCHLAPPEN TRAGEN
Essenskurier – Mumbai, Indien

Da stehe ich, halb nackt im weißen Kittel, auf dem Kopf ein Schiffchen, an den Füßen einfache Lederschlappen. Ich verstehe kein Wort von dem, was mir die vielen Inder um mich herum gerade erzählen. Sie gestikulieren, sie brüllen, sie tuscheln miteinander und zeigen lachend auf mich. Ich habe die Orientierung verloren, weiß nicht mehr, wohin. Ich stehe mitten im Berufsverkehr von Mumbai auf einer belebten Straßenkreuzung und habe eine erste Ahnung, wie es sich anfühlt, wenn man einen anderen Heimatplaneten hat.

Die Menschen, deren Beruf ich in dieser Stadt ausprobiere, können weder lesen noch schreiben und bilden doch eines der erfolgreichsten Unternehmen der Welt: Man nennt sie *Dabbawallas*, die Essenskuriere. Sie tragen Essenstöpfe, also so etwas wie unsere guten alten Henkelmänner, aus. Seit 120 Jahren nahezu unverändert, transportieren 5000 Männer Tag für Tag bis zu eine Viertelmillion Metallbüchsen, in Indien *Dabbas* genannt, mit warmer Hausmannskost quer durch Mumbai, das früher Bombay hieß. Auf die Minute pünktlich, in einem Umkreis von 70 Kilometern. Und weil sie Analphabeten sind, auf jeder Dose aber eine

Adresse stehen muss, lernt jeder Dabbawalla bei Berufsbeginn fünf Zeichen auswendig. Mehr nicht. Einige dieser fünf Zeichen werden auf jede Dose gemalt und weisen den Kurieren so den Weg durch die fünftgrößte Stadt der Welt.

Eine neues Gesicht am Karren

Die Dabbawallas sind eine verschworene Gruppe, die ihren Nachwuchs nur aus den eigenen Reihen rekrutiert. Ein reiner Männerberuf. Und noch nie hat ein Fremder unter ihnen gearbeitet. Bis zu dem Zeitpunkt, als ich bittend vor ihnen stehe. Nach sehr langen Gesprächen mit dem Oberboss und seinem Stellvertreter, nach vielen köstlich schmeckenden indischen Chai-Tees und meinem Versprechen, absolute Demut und Gehorsamkeit zu leisten, schütteln sie ihre Köpfe auf indische Art zu einem für uns scheinbaren NEIN, das jedoch in ihrer Kultur ein JA bedeutet. Zum Glück.

So werde ich zum ersten ausländischen Dabbawalla in der Geschichte dieses indischen Erfolgsunternehmens und schaffe es damit sogar auf die Titelseite der indischen Tageszeitung *The Indian Express*.

Doch wie bin ich auf die Straßenkreuzung gekommen, und warum versammeln sich plötzlich immer mehr Inder um mich herum?

Weil der Essenskurier, den ich begleiten darf, eigentlich gar keine Lust auf mich hat. Meine ständigen Fragen halten ihn von der Arbeit ab und verursachen bereits nach wenigen Minuten eine erste Verspätung. Und eine Verspätung kann und will er sich nicht leisten. Denn nichts ist für einen Dabbawalla dramatischer als eine verspätete Lieferung der Essensdose, mal abgesehen von ihrem Verlust.

Auf ihre Pünktlichkeit sind die Männer sehr stolz.

Ahudi, mein Ausbilder an diesem Tag, feierte vor

wenigen Tagen sein 50-jähriges Dienstjubiläum. Er begann die körperlich schwere Arbeit in einem Alter, in dem die Kinder bei uns motzen, wenn sie mal den Müll runterbringen sollen. Ahudi ist jetzt 63.

Obwohl es noch früh am Tag ist, ist es sehr warm und die Luft feucht. Wir laufen schon eine ganze Weile durch die Straßen Mumbais und haben gerade bei einer treu sorgenden Ehefrau zwei Essensbehälter abgeholt. Da lässt mich Ahudi plötzlich hier an der Kreuzung stehen. Mit den Worten: »Warte du hier, ich komme zurück« drückt er mir die beiden Essensbehälter in die Hand und verschwindet in einer Seitenstraße. Ich bin völlig hilflos, habe keine Orientierung – und warte und warte und zweifele. Es dauert so lange, dass ich schon befürchte, Ahudi hätte sich aus dem Staub gemacht, um in Ruhe arbeiten zu können. Immer mehr verdutzte Inder versammeln sich um mich und starren mich an. Freundlich, aber auch sehr irritiert. Was macht der Typ hier? Ich fühle mich wie ein Außerirdischer, der die falschen Landekoordinaten eingegeben hat. Ich trage die Uniform eines Dabbawallas, also die eines Landsmannes, doch was da im Kostüm steckt, kennen sie nur aus dem Fernsehen. Ein blasses Weißgesicht mit ihren Essensbehältern in der Hand, mitten auf der Kreuzung, lässt das Essen kalt werden und wartet scheinbar grundlos. Auf was auch immer. Das verstehen sie nicht. Und ich auch nicht. Endlich kommt Ahudi zurück und sagt nur: »Komm, komm, komm. Wir müssen uns beeilen!«

»Na, an mir liegt es ja nicht«, erwidere ich. »Ich habe ja auf Sie warten müssen. Dachte schon, Sie kämen nicht wieder. Hätte ja nie wieder nach Hause gefunden!«

Ahudi versteht kein Wort und lacht trotzdem, als er mich wieder im Stechschritt überholt, der nächsten kochenden Hausfrau entgegen. Die ist zu meinem großen Glück noch nicht fertig mit der Essenszubereitung. Aufgelöst und hektisch backt sie die letzten Chapatti-Pfannkuchen. Dabei schaut sie mit einem flehenden Blick zu Ahudi und hofft, dass sie sein Herz erweichen kann und er ausnahmsweise ein paar Minuten in ihrer Küche wartet. Was er ohne meine Anwesenheit wohl nicht getan hätte, denn es schüttelt seinen minutiösen Tagesplan durcheinander. Und auf Stress hat Ahudi keinen Bock. Aber heute macht er eine Ausnahme, und so erfahre ich, warum sich die Mütter und Ehefrauen jeden Morgen abhetzen, damit Sohn oder Mann oder auch mal beide zusammen ein ordentliches Mittagessen in den Magen kriegen.

Die indischen Gerichte, die auch für uns Touristen ein Eldorado an Geschmäckern und Gerüchen, Farben und Aromen sind, schmecken dem Inder eben am besten, wenn Mutti sie zubereitet hat. Mit viel Liebe und guten Gedanken. Das ist ganz wichtig, höre ich immer wieder. Die gute Energie im Essen, die nur eine Mutter oder Ehefrau hineinkochen kann. Deswegen gibt es die Dabbawallas, und weil der Service immer beliebter wird, gibt es auch immer mehr Kunden.

Ich mag Indien. Sehr. Auch wenn jeder Direktflug aus Deutschland ausschließlich in der Nacht indischen Boden erreicht und um diese Uhrzeit nur noch das traurige Gesicht Indiens auf den Besucher wartet: Armut an jeder Straßenecke, ganze Familien, die zusammengerollt auf dem Bürgersteig leben und schlafen müssen. Die Läden und Märkte sind zu, die Farben und Gerüche schon längst im Bett. Aber am nächsten Morgen dann! Was für ein Land, mit was für unterschiedlichen Bewohnern – und was für einer Küche!

Rund 22 Millionen Menschen leben alleine in Mumbai, und von denen zahlen rund 200 000 umgerechnet fünf Euro im Monat für die tägliche Dienstleistung der Dabbawallas. Das ist ein ordentlicher Umsatz für die Vereinigung der Dabbawallas, die ihren Mitgliedern davon wiederum etwa 100 Euro im Monat zahlt. Bei 5000 Mitgliedern bleibt da immer noch ein Gewinn von 500 000 Euro pro Monat übrig. Wo dieses Geld bleibt? Das wollte ich natürlich auch gerne wissen und bekomme als Antwort nur Schlagworte wie: »Hilfsfonds für erkrankte oder arbeitsunfähige Dabbawallas«, »Hilfsfonds für die Witwen verstorbener Dabbawallas« sowie »Rentenfonds für die zu alt gewordenen Dabbawallas«. Wahrscheinlich wissen nur sehr wenige Menschen in der Führung dieser Essenskurierorganisation, wo das viele Geld bleibt.

Ahudi weiß es auch nicht, er weiß nur, dass ich ihn ständig bremse mit meiner Fragerei. Dabei habe ich das Gefühl, dass wir seit Stunden nicht mehr gehen, sondern im leichten Trab durch die Stadt hetzen. Treppen hoch im Laufschritt, Henkelmann entgegennehmen, Treppe runter im Laufschritt, Henkelmann auf die Schubkarre stellen, die immer voller und schwerer wird. Vier Stunden haben wir insgesamt Zeit, das Essen abzuholen, um es in einem Radius von 70 Kilometern bis Punkt 13 Uhr abzuliefern. Natürlich will ich von Ahudi wissen, wie viele Töpfe er in seinen 50 Jahren schon verloren hat. Und erst bei dieser Frage bleibt er plötzlich stehen, der Mann, der schon eine normale Gehgeschwindigkeit als Stillstand betrachtet, und schaut mich entsetzt an:

»Keinen einzigen!«, sagt er empört. Und damit ist auch genug gesagt, er sprintet wieder los. Ich haste wieder hinterher.

»In 50 Jahren haben Sie keinen einzigen Henkelmann verloren oder vergessen? Kommen Sie, Ahudi, das kann ich doch gar nicht glauben.«

Er blickt mich breit lächelnd an und erzählt stolz von dem »Six-Sigma-Qualitätskriterium«. Das heißt: Die Dabbawallas haben FAST einen Fehlerquotienten von NULL. Respekt.

Wir sind am Bahnhof angekommen, einem der Hauptumschlagplätze. Hier besteigen die Dabbawallas die verschiedenen Züge, die sie in alle Ecken der Metropole bringen. Auf dem Bahnsteig wuselt eine große Ansammlung von Menschen um eine große Ansammlung von Essensbehältern. Immer weitere werden dazugestellt, Männer knien davor, daneben, überall. Sie beobachten, verteilen, bewachen. Kaum zu überschauen. Sie warten auf den passenden Anschlusszug, damit ihre Lieferkette nicht abreißt. Es gibt aber auch Kuriere, die ihre Töpfe hier nur an Kollegen abliefern, so wie bei einem Staffellauf. Als ob das Treiben, der Lärm und die Hektik auf einem indischen Bahnsteig nicht schon wild genug wären, explodiert die Menschenmasse aus Dabbas, Berufspendlern und Touristen jedes Mal aufs Neue, wenn die laute Signalhupe die Ankunft eines der schweren Stahlkolosse in den Bahnhof voraustrompetet. Die Dabbawallas heben sich gegenseitig die bis zu 80 Kilo schweren und etwa 2,5 Meter langen Holztragen auf die Köpfe, ein kleines Handtuch zu einem Kringel geformt dazwischen, damit der Kopf nicht zu sehr schmerzt.

Der Moment, wenn alle Dabbawallas in die Waggons strömen, ist ein sehr angespannter und heikler

Augenblick. Denn ein Kurier, der seinen Zug verpasst oder nicht mehr hineinkommt, aber eine weite Strecke zurückzulegen hat, riskiert die pünktliche Lieferung. Oder gar das Six-Sigma-Qualitätskriterium. Die Züge, die in den Bahnhof einlaufen, sind bereits so überfüllt, dass die Menschen aus den Fenstern quellen. Tag für Tag pumpt die indische Staatsbahn bis zu sechs Millionen Menschen in die Stadt – und überrollt dabei durchschnittlich fünf. Und dann drängen sich auch noch die Essenskuriere mit ihrem meterlangen Sperrgepäck dazu. In Indien hat sich noch nicht herumgesprochen, dass es Sinn macht, den aussteigenden Gästen den Vortritt zu lassen.

Ein kurzes lautes Tröten, alles drängelt – und ich passe nicht mehr rein. Und jetzt? Wenn ich Ahudi verliere und der Zug ohne mich abfährt, würden wir uns niemals wiederfinden. Also laufe ich schnell zum nächsten Waggon. Auch voll. Der Zug rollt los, als ich mir endlich die letzten freien Zentimeter im dritten Abteil erkämpfe. Allein unter Indern. Ein paar hundert Augen starren mich an. Auf die Entfernung kann ich Ahudi nicht von den anderen Zuggästen unterscheiden. Also halte ich Ausschau nach dem weißen Schiffchen auf dem Kopf. Doch das tragen alle Dabbawallas. Weil sie es müssen. Werden sie von jemandem aus der Dabbawalla-Vereinigung »oben ohne« erwischt oder von einem Kollegen angeschwärzt, müssen sie eine empfindlich hohe Strafe zahlen. Ich kämpfe mich durch die stark schwitzende Menschenmasse. In diesem Moment gefällt mir Indien dann nicht mehr so gut. Überall Menschen ohne ein Gefühl für Distanz. Ich mag es überhaupt nicht, wenn gedrängelt wird und wenn zu viele Menschen auf zu wenig Platz hocken. Horror.

Ein dünnes, altes Händchen wackelt zwischen den schwarzen Köpfen und den weißen Mützchen hin und her.

»Ah, Ahudi. Treuer Geselle, da bist du ja.« Immerhin bin ich Weißnase ja für ihn gut zu erkennen.

Zwanzig Minuten lang sitzen wir in der Dabbawalla-Ecke und plaudern. Warum ich denn unbedingt als Essenskurier arbeiten will, fragen sie. Und ob es in Deutschland auch Dabbawallas gebe. »Nein, leider nicht«, antworte ich.

»Bei uns gehen die meisten Menschen mittags in die Kantine oder in ein Restaurant«, erzähle ich den Männern. »Auch wenn es da meist nicht schmeckt.« Da lachen sie, schauen sich gegenseitig stolz an und empfehlen mir, ihr System doch in Deutschland einzuführen.

Gute Idee, denke ich mir.

Da werden sich die berufstätigen Frauen und Mütter bei uns bestimmt riesig freuen, wenn sie morgens noch früher aufstehen dürfen, um ihren Typen das Mittagessen zu kochen.

»Ich werde es den deutschen Frauen mal vorschlagen«, nicke ich meinen Kurierkollegen begeistert zu und sehe dabei plötzlich das Gesicht meiner Freundin vor mir. Wie es sich verfinstert. Sehe sie plötzlich wie den Geist aus der Flasche immer größer und größer werden. Sehe, wie sie tief Luft holt. Wie sie ein Auge aufreißt und das andere zur Hälfte schließt. Sehe, wie sie schließlich ihren Mund langsam öffnet und bedrohlich spricht: »Wiederhol das bitte noch mal. Du willst, dass ich morgens noch früher aufstehe, als ich es eh schon tue? Nur um für dich zu Mittag zu kochen? Ist es das, was du meinst? Ist es das, was du mir damit sagen willst?«

»Nein! Nein! Ahudi, vergiss es!«, schreie ich durch den voll besetzten Zug. »Euer phantastisches Konzept wird bei meiner Freundin ... eh ... bei uns in Deutschland nicht funktionieren. Es geht einfach nicht. Es wird immer eine indische Spezialität bleiben. Und das ist auch gut so.«

MÄNNLICH IST ANDERS

Sambatänzer – Rio de Janeiro, Brasilien

Was für ein Spektakel!

Millionen, ach, Milliarden Zuschauer starren jedes Jahr nach Rio de Janeiro, zum größten und heißesten Karnevalstreiben in unserer Galaxie. Frauen und Männer dieser Welt schmachten nach den leicht bekleideten Tänzerinnen, den muskulösen Tänzern, den atemberaubenden Kostümen und in diesem Jahr auch – nach mir! Jawohl, denn ich bin mittendrin und tanze wie nie in meinem Leben zuvor. Mein Körper spricht plötzlich eine eigene Sprache, ich gerate in Trance, ich schwebe und verschmelze mit den Rhythmen der Nacht und weiß nun endlich, was ich in meinem früheren Leben war: Sambatänzer.

»Meine Güte, was hast du denn geraucht?«, wäre an dieser Stelle eine durchaus plausible Frage. Aber es stimmt. Jedes einzelne Wort. Ich stehe im eigens für die Karnevalsparade gebauten Sambódromo, das Platz für 88 500 Zuschauer bietet. Es ist Mittag, lauschige 30 Grad warm, und bis auf ein paar Arbeiter, die letzte Vorbereitungen treffen, ist noch nicht viel los. Ich laufe die Strecke ab, schaue in die leeren Ränge, stelle mir vor, wie in wenigen Stunden diese 88 500 Menschen MIR zuwinken. Ja gut, und den anderen Tänzern natürlich auch.

Nun muss ich gleich zu Beginn etwas gestehen: Diesmal bin ich nicht eingeladen worden und habe auch keinen Chef an meiner Seite, der mir alles erklärt. Ich habe vor, mich einzuschleichen. Diesmal bin ich ganz allein, Autodidakt und muss mir alles selbst beibringen. Deshalb stehe ich jetzt hier in der Mittagshitze und hoffe auf den einen oder anderen Tänzer, der sich schon mal warm macht für den Abend und mir dabei ein paar Tipps geben kann. An dieser Stelle muss ich noch etwas gestehen: Ich bin kein besonders talentierter Tänzer, eher so die Abteilung freier Ausdruckstanz. Na, das sind ja die besten Voraussetzungen!, höre ich Sie jetzt spotten. Und antworte: Um die leichten Jobs sollen sich gefälligst die anderen kümmern.

»Entschuldigung«, spreche ich die grazile, hübsche Frau mit der Tänzerinnenfigur an: »Sind Sie bei der Show heute Abend dabei?« Wer so aussieht, muss tanzen, denke ich mir und versuche der jungen Frau nicht zu tief ins Dekolleté zu schauen.

»Ja, klar. Warum?«, schaut sie mich mit ihren großen, dunkelbrauen Augen an. Ich könnte jetzt stundenlang drum herumreden, mich behutsamer der entscheidenden Frage nähern, doch im Laufe der Jahre bin ich zu der Erkenntnis gekommen, dass direkte Fragen einfach schneller zum Ziel führen.

»Ich möchte gerne mittanzen durchs Sambódromo. Eingerahmt von Tänzerinnen wie Ihnen, in einem knackigen Kostüm unter dem Jubel eines feiernden Millionenpublikums, den Karneval von Rio in die Welt hinaustragen.« Gut, das Ende des Satzes hätte ich auch weglassen können, aber ich appelliere da ein wenig an ihren Nationalstolz.

Sie lacht. Und lacht. Und schaut mich an mit einem Gesicht, in dem folgende Frage ganz deutlich zu lesen ist: Meine Güte, was hast du denn geraucht? Nein, das gehe nicht, das sei völlig unmöglich, sagt sie dann sehr entschieden. Nur Mitglieder der Sambaschulen dürften mittanzen. Auch mein Angebot, schnell noch Mitglied zu werden und den Jahresbeitrag sofort zu entrichten, bringt mich nicht weiter. Niemand hier will sich die sexy Optik durch Weißbeine wie mich versauen. Denkt sie vielleicht, sagt sie aber nicht und stöckelt auf ihren Fünfzehn-Zentimeter-Absätzen powackelnd von mir weg der Sonne entgegen.

Na warte, Baby. Wir sehen uns heute Abend in der Show, rede ich mir Mut zu und rutsche fast auf meinem eigenen Schweiß aus. Ich gehe die Paradestrecke ab, halte Ausschau nach Schlupflöchern, Geheimgängen, Möglichkeiten, über einen Zaun zu klettern, denn so viel weiß ich: In zwei Stunden wird hier alles dicht gemacht, die Ein- und Ausgänge werden verriegelt, und ohne Eintrittskarte kommt hier niemand mehr rein. Die Paradestrecke, der Catwalk des Karnevals, wird zur Sperrzone und darf nur noch von den Tanzgruppen und Helfern betreten werden. Ich könnte mich als Müllmann einschleichen, einfach unter die Saubermänner mischen, schießt es mir durch den Kopf, während zwei Männer mit Besen an mir vorbeiziehen. Aber wäre das ein stilvoller Auftritt? In leuchtend oranger Schlabber-Latzhose mit einer Jacke, die drei Nummern zu groß ist, Konfetti und leere Pappbecher wegfegen, nur um dabei zu sein? Noch ahne ich nicht, das alles viel schlimmer kommen wird, ich mir noch wünschen werde, als Müllmann dabei zu sein. Aber in diesem Moment sehe ich mich noch in einem attraktiven Kostüm mit nacktem Oberkörper im Konfettischauer durch die Nacht tanzen.

Über einen Reiseveranstalter kann ich einen der begehrten Logenplätze für den Abend kaufen, zum Schnäppchenpreis von 400 Euro, was wohl dem durchschnittlichen Jahresgehalt in Rio entspricht. Dafür bin ich mitten im Geschehen, kann mich frei in den Gängen bewegen, komme an den Umkleideräumen der Tänzer vorbei und sogar bis ans Tor heran, das direkt zur Paradestrecke führt.

Es ist ein herrlich warmer Abend, perfekt für den Karneval und die knappen Kostüme. Aus allen Ecken des Sambódromos hallen die letzten Soundchecks, die Trommelrhythmen hämmern durch die Gänge, während die Tänzerinnen letzte Dehnübungen machen und sich aufwärmen. Sie strecken ihre langen Beine in die Höhe, stützen sie an den Wänden ab, sodass ich trotz meiner 1,83 m problemlos drunter durchlaufen kann. Der Karneval ist der unbestrittene Höhepunkt des Jahres in Rio de Janeiro, und das spürt man, wo auch immer man sich gerade in der Stadt aufhält. Ich bin soeben in der Loge angekommen, werde von einem Kellner begrüßt und bekomme meinen ersten Drink. Außer mir sind noch elf weitere Personen in dem Raum, in dem es neben dem Kellner auch eine kleine Bar, zwei Sofas und zwei herumliegende Kostüme gibt. Wie bitte? Herumliegende Kostüme! Ich erkundige mich unauffällig, wem sie gehören, stoße aber nur auf ratloses Schulterzucken. Der Kellner erklärt mir schließlich, dass sie zwei Tänzern gehören, die krank geworden sind, und dass ... der Rest seiner Ausführungen kommt in meinen Ohren nicht mehr an. Ich starre auf die Kostüme, auf meine ganz persönliche Eintrittskarte für die große Parade und überlege, wie und wo ich sie am unauffälligsten anziehen kann. Und welcher der beste Zeitpunkt ist, denn ich kann ja nicht einfach losmarschieren, sondern muss mich in eine Gruppe einreihen. Doch wann die kommt und wie die aussieht, das weiß der Kellner auch nicht. Während unter unserem Logenbalkon die Parade eröffnet wird und die ersten Tanzgruppen unter dem Jubel der 88 500 Zuschauer sambatanzend durchs Sambódromo ziehen, nehme ich das Kostüm genauer unter die Lupe.

»Ach, du Scheiße«, ist mein spontaner Kommentar, als ich es hochhebe und erkenne, was es ist: ein Pferd! Ein weißes Pferd zum Reinschlüpfen, um genau zu sein. Dazu eine enge weiße Strumpfhose, ein grünweißes Rüschenhemd, goldene Schläppchen und eine gelbe Nickelbrille mit blauen Gläsern. Sexy, oder? Dem Kellner ist mein besonderes Interesse an dem Kostüm nicht entgangen. Während all die anderen Besucher unserer Loge gebannt der Parade zuschauen, steht er plötzlich neben mir: »Du kannst es anziehen und mitlaufen. Niemand wird das merken«, sagt er konspirativ. Er scheint meine Gedanken lesen zu können! »Versuch mal, ob es dir passt«, ermuntert er mich weiter, und so stehe ich plötzlich in Unterhose da, als sich eine junge Logenbesucherin zu mir umdreht und mir aufmunternd zuprostet. Wahrscheinlich denkt sie, ich wäre der Logen-Striptänzer für diesen Abend und würde jede Sekunde den Slip fallen lassen. Tue ich aber nicht. Ich schlüpfe stattdessen in die enge weiße Herrenstrumpfhose, woraufhin die junge Frau kurz das Gesicht verzieht und jegliches Interesse an mir wieder verliert. Als ob die Strumpfhose nicht schon unmännlich genug wäre, versuche ich jetzt das Rüschenhemd und die goldenen Schläppchen, die mir drei Nummern zu klein sind.

Mein Auftritt vor einem Millionenpublikum

Auch ohne Spiegel weiß ich, wie lächerlich ich aussehe, und wenn ich es noch nicht wüsste, müsste ich jetzt nur in das Gesicht des Kellners schauen: Er ist fassungslos. Seine Gedanken scheinen auf seiner Stirn lesbar: »In dem Aufzug wird der Typ sich das niemals trauen!« Oh, wie nah dran er ist. Aber eben nur nah. Entschlossen hopple ich Richtung Paradestraße, auf der der Umzug mittlerweile in vollem Gange ist.

Es kostet mich viel Überwindung, als weißes Pferd mit Goldsandalen an den heißen Sambatänzerinnen in ihren knappen Stofffetzen vorbeizuhoppeln und in ihre lachenden Gesichter zu sehen. Für sie – und die 88 500 Zuschauer – bin ich soeben zum Asexuellen geworden. Um mir wenigstens einen Rest Männlichkeit zurückzuholen, stecke ich mir eine Zigarette ins Gesicht, zünde sie an und mache einen tiefen Zug, obwohl ich vor Wochen das Rauchen aufgegeben habe. Bringt aber auch nichts, bis auf einen Hustenanfall. Ein weißes, hustendes Pferd mit goldenen Sandalen ist auch nicht viel männlicher als ein weißes, nicht hustendes Pferd mit goldenen Sandalen. Selbst die Sicherheitskräfte an den Toren zur Paradestrecke stutzen, als sie mich sehen. Doch wer so beknackt gekleidet ist, der muss dazugehören, denken sie und öffnen das heilige Tor zum Sambódromo. Plötzlich bin ich mittendrin. Und entdecke andere weiße Pferde mit goldenen Sandalen! Ich hoppele zu ihnen hinüber.

»Wer bist du denn?«, wiehert mich das erste Pferd, neben dem ich zum Stehen komme, misstrauisch an, und auch die anderen Hengste und Stuten schauen nicht viel freundlicher. Egal. Ich bin auf der Paradestrecke und gebe mich den Rhythmen der Nacht hin, wiehere stolz, drehe mich im Kreis, ruiniere die Choreografie der ganzen Pferdeherde, reite, als wäre ich im früheren Leben ein stolzer Schimmel gewesen, und winke dabei den 88 500 Zuschauern zu und den Millionen – ach, was sage ich – Milliarden Fernsehzuschauern auf der ganzen Welt. Was für ein bewegender Moment. Für mich.

Als ich von meinem Ausritt völlig erschöpft am frühen Morgen meine Freundin am Telefon in Deutschland frage, wie sie mich fand, antwortet sie: »Ich hab dich gar nicht gesehen. Wo warst du?«

»Ich war das weiße Pferd mit den goldenen Sandalen. Also, eines von vielen. Und ich habe pausenlos gewunken! Du musst mich doch gesehen haben!«

»Ach, die weißen Pferde, ja, die habe ich gesehen. Die fand ich so blöd, da habe ich umgeschaltet.«

WO IST MEIN RING HIN?
Currywurstmacher – Berlin, Deutschland

Ich bin der größte Currywurstfan, den es gibt. Ganz sicher. Egal, in welcher Stadt ich mich gerade aufhalte, ich habe das Wurstangebot ständig im Auge. Leider gibt es nicht allzu viele Currywurststädte, über die es sich zu schreiben lohnt. Sorry, Ruhrpott, aber ich rede hier nicht von Bratwurst mit Currypulver und kaltem Ketchup. Ich schwärme von darmloser, fluffiger Wurstmasse, fein gewürzt mit bis zu dreißig verschiedenen Kräutern, im Wasserbad schonend erhitzt, in Erdnussöl goldbraun gebraten und abschließend zärtlich eingebettet in eine feinwürzige, selbst gemachte Tomatensauce, ein paar Tropfen Worcestersoße vielleicht noch, das war es. Dazu im Idealfall selbst gebackene kleine Brötchen. Dit jibt et nur in der Hauptstadt, wa! Also ab nach Berlin, dem Mekka aller Currywürste. Denn was ist das Größte für den größten Currywurstfan, den es gibt? Richtig: Ein Tag als Currywurstwurster! Ein Traum wird wahr. Vor diesem Tag lag mein persönlicher Currywurstrekord bei fünf Stück. Nach diesem Tag bei acht Stück. Die erste gab's um sieben Uhr morgens …

Natürlich lässt sich keiner der Berliner Currywurstkönige gerne in die Wurstmaschine schauen, aber ausgerechnet der Wichtigste unter ihnen hat sich dann doch bereiterklärt, mich einen Tag lang auszubilden. Vielleicht, weil er meine Leidenschaft für die Wurst in jedem meiner Worte spürte. Und so stehe ich mit einer geschenkten Wurst zur Begrüßung in der Hand an einem Montagmorgen um 7 Uhr auf dem Hinterhof der Metzgerei, die für viele der besten Berliner Currywurstbuden die Würste zubereitet und mittlerweile nicht nur quer durch Europa liefert, sondern auch noch eine Großmetzgerei in China aufbaut. Einen Tag lang bin ich der Turbo-Azubi von Georg, der seit 32 Jahren im Wurstgeschäft ist. Ein Supertyp, Berliner Original mit der so oft zitierten Schnauze und absoluter Gelassenheit.

Nur einmal an diesem Tag – und da auch nur für wenige Sekunden – gelingt es mir, ihn aus der Ruhe zu bringen. Da wird er plötzlich nervös und hält inne. Und das kommt so:

Ich arbeite mit Georg im hinteren Teil der Metzgerei, wo die Wurstmasse ihre Form erhält und zur Wurst wird. Von Zeit zu Zeit wird eine große Stahlwanne mit dem sogenannten Brät zu uns gerollt. Wir schöpfen die Masse dann mit nackten Unterarmen aus der Wanne, indem wir sie wie ein nasses Handtuch über Hand und Unterarm legen, schnell in die andere Ecke des Raumes stürmen und sie dort in einen Behälter gleiten lassen. An diesem Behälter ist ein Schlauch angebracht, durch den wir das Brät später in ein Becken mit genau achtzig Grad heißem Wasser füllen. Wie ein Dämmschlauch schwimmt die Wurst viele Meter lang im Wasserbecken und muss immer wieder bewegt und begossen werden. So wird Currywurst »ohne Darm« gemacht.

Georg hat soeben seine Ladung in den Behälter gestopft, als ich im Anflug bin. Es muss schnell gehen, weil einem sonst die Masse zwischen Armen und Händen durchläuft und auf dem Boden landet. Warum wir keine Gefäße dafür benutzen? Gute Frage! Ich habe keine Ahnung. Aber ich schaffe es gerade noch rechtzeitig, es macht *Platsch!,* und die Masse landet ordnungsgemäß im Behälter. Georg ist erstaunt, wie geschickt ich mich anstelle, und lobt mich großzügig. Aber nur bis ich plötzlich aufschreie: »Mist, wo ist mein Ring hin?«

»Wat fürn Ring?« Er schaut mich ungläubig an. Eine dunkle Vorahnung liegt auf seinem Gesicht. Ich kann ganz genau sehen, wie sehr er in diesem Moment hofft, er hätte mich missverstanden.

»Mein Ring! Ich hatte einen Ring am Finger, und der ist jetzt weg. Mist. Ist bestimmt in der Wurstmasse stecken geblieben!«

Wo ist mein Ring?

»Oh Jott!«, stammelt Georg und bekommt hektische Flecken im Gesicht.

»Ick glaub ditt nich! Den müssen wa finden!« Und schon fängt er an, in dem großen Behälter, in den ich soeben die letzte Ladung gefüllt habe, herumzuwühlen. Er sieht aus wie ein dickes Eichhörnchen, das die Nüsse vom Vorjahr sucht.

Ich habe Mitleid und kichere: »War nur ein Witz, Georg. Ich trage überhaupt keinen Ring. Sorry, aber den musste ich einfach bringen.« Und schon strahlt er wieder, und auch die Röte zieht sich aus seinem Gesicht zurück in die dicken Finger, die sich von den Currywürsten im Wesentlichen dadurch unterscheiden, dass sie kürzer sind.

»Ditt wär ja wat gewesen!«, lacht er mehrmals laut auf und sprüht dabei die Wurstmasse in das Wasserbecken. Ich frage ihn, ob so etwas schon einmal passiert sei, verlorener Schmuck in der Wurst.

»Ick hab mal ein Pflaster verloren ...«, fängt er an.

»Uaaah, stopp, bloß nicht weitererzählen«, rufe ich, »da bin ich verdammt empfindlich. Schon ein Haar im Essen verdirbt mir den Appetit!«. Und jetzt lacht Georg richtig los. Weil er es wirklich komisch findet und weil er sich so ein bisschen rächen kann für meinen Scherz mit dem verlorenen Ring.

Georg schnauft und sprüht weiterhin Wurstmasse, die vorn in der Metzgerei zubereitet wurde, ins Wasserbad.

»Wenn die Kollegen bei der Zubereitung 'nen Fehler machen, die Fleisch- und Fettanteile zum Beispiel nicht stimmen, platzen mir hier hinten die Würste gleich auf 50 Meter Länge. Denn so lang ist der gesprühte Inhalt eines Behälters. Rund 1000 Würste wären dann hin.« Zärtlich streicht er mit seinem langen Holzlöffel über die schwimmende Wurst und spricht dabei immer wieder, mantragleich, dieselben Worte: »Wie 'nen schönen Fraunkörper musste sie behandeln, Jenke. Zärtlich und mit viel Fürsorge«, und damit kehrt die Spur einer Röte zurück in sein freundliches Kugelgesicht.

Jetzt ist die Zeit gekommen, die große Frage zu stellen: »Was genau ist eigentlich in der Wurst drin, Georg? Man hört da ja so allerhand. Von Augen und Ohren in der Wurst, von Schwarten und tierischem Abfall.«

»Kann sein«, antwortet Georg, »aber nich bei uns, da frach ma den Chef!«

Tu ich aber nicht. Was soll der mir schon erzählen? Dass er alles verwurstet und ihm Qualität egal ist, Hauptsache, die Kohle stimmt? Na sehen Sie. Es gibt Fragen, die sind so überflüssig, dass man sie gar nicht erst zu stellen braucht. Viel interessanter ist doch die Frage: Warum hat die Wurst hier keine Haut?

»Sind se im Krieg drauf jekommen. Hatten ja nischt!«, erklärte mir Georg. »Es gab zwar viele Arschlöcher, aber keene Därme!«, kichert der alte Sprücheklopfer. »Und so legte ein findiger Mensch die Wurst so lange ins Wasserbad, bis sie selbst eine Art Haut bildete.«

Weiser Georg. Netter Georg. Hungriger Georg. Schon wieder bekomme ich eine Wurst in die Hand gedrückt, die die Norm nicht erfüllt. Denn hier zählt die Länge. Alles, was zu kurz ist, wird zu Wurstsalat oder am besten gleich gefuttert.

So stehen Georg und ich da, beide grinsend wie kleine freche Jungs, und mampfen glücklich unsere Ausschusswurst.

Wenn mir Menschen wie Georg begegnen, die in sich ruhen und mit ihrem Leben und ihrem Job rundum zufrieden sind, freue ich mich. Was für ein großes Glück haben wir beide. Georg, der seit über dreißig Jahren täglich Würste fabriziert und sie immer noch so gerne nascht wie als Azubi. Der sich jeden Tag auf seine Arbeit freut und abends zufrieden die Metzgerei verlässt, in dem Wissen, dass viele Menschen seine Currywürste genießen werden. Und ich, der danebensteht. Der Menschen wie Georg beobachten kann, viel von ihnen erfährt und auch immer wieder mit ihnen lachen darf. Und das mit den leckersten Currywürsten der Welt im Magen. Es gibt Tage, da liebe ich meinen Beruf noch mehr, als ich es eh schon tue. Und der Tag mit Georg gehört ganz klar dazu.

Jenkes persönliche TOP 5 der besten Currywürste in Berlin:

Platz 5:
Curry 195 (Die Kanzlerbude)
Kurfürstendamm 195, Berlin-Charlottenburg

Platz 4:
Curry 36 (verkaufen auch eingeschweißte rohe Würste)
Mehringdamm 36, Berlin-Kreuzberg

Platz 3:
Konnopke (die Älteste)
Schönhauser Allee 44 B, Berlin-Prenzlauer Berg

Platz 2:
Witty's (BIOwürste)
Wittenbergplatz 5, Berlin-Schöneberg

Platz 1:
Krasselts (Halleluja!)
Steglitzer Damm 24, Berlin-Steglitz

Ohne Worte

AUF DER SUCHE NACH DEM EWIGEN GLÜCK

Bettelmönch – Kathmandu, Nepal

Ich habe nie Batikhosen getragen. Das möchte ich hiermit klarstellen. Und auch wenn das eine oder andere Räucherstäbchen in meinem Jugendzimmer mich von Orten im fernen Indien träumen ließ, zählte ich nie zur Gruppe der Ashanti-Ashram-Typen, die dort die heiligen Quellen ablatschen auf der Suche nach der ewigen Glückseligkeit. Obwohl das ja per se nicht schlecht ist. Aber daran glaube ich nicht. Halt, ich muss mich korrigieren: Daran glaubte ich zum damaligen Zeitpunkt nicht.

Aber mal ganz von vorne. Es ist stockfinster, weil vier Uhr am Morgen. Für mich eine schmerzhafte Zeit. Die Bettelmönche, die ich begleiten will, schlafen noch, und zwar dort, wo man früher die Esel und Pferde unterstellte. Ich höre ihr Schnarchen und Husten, kann sie aber nicht erkennen. Komisch, denke ich. Die haben doch gesagt, ich soll um vier Uhr hier aufschlagen. Oder meinten die etwa sechzehn Uhr? Es regnet, und es ist kalt, und die frühe Uhrzeit lässt mich noch mehr frieren. Auch mein nepalesischer Dolmetscher friert.

Ein Licht flammt auf, das Husten wird stärker. Wie ein Meteorit fliegt der im hohen Bogen gespuckte Auswurf nur wenige Millimeter von meinem Gesicht entfernt durch die Dunkelheit. Hier müssen wir richtig sein, denke ich und gehe gleichzeitig in Deckung, als ich es schon wieder husten höre.

Rohd ist der erste von insgesamt sechs Bettelmönchen, die man hier Sadhus nennt, der mich an diesem Morgen begrüßt und in seine Ecke bittet.

Dort liegt sein gesamtes Hab und Gut. Eine dünne Decke, zwei Wickeltücher, eine Teetasse, ein kleiner Zweig zum Zähneputzen und ein paar ausgetretene, kleine, alte Lederschlappen für seine ausgetretenen, kleinen, alten Füße. Dazu eine Kerze, die er jetzt anzündet und die ihre Lichtstrahlen auf das Plakat des Hindugottes Shiva wirft, das genau dort an der Wand hängt, wo eben noch sein Kopf lag.

Wann immer ich einen neuen Beruf ausprobiere, kleide ich mich genauso, wie es die Menschen tun, deren Arbeitstag ich begleite. Und so stehe ich plötzlich nackt vor meinem über achtzigjährigen Lehrmeister, der mir gerade mal bis zur Brust reicht. Nicht weil ich so groß bin, sondern weil er nicht höher als 1,65 m gewachsen ist. Weil ich ahnte, dass ein richtiger Bettelmönch kaum etwas besitzt, habe ich mir ein safranfarbenes Tuch als Umhang gekauft und mitgebracht.

»Das ist aber ein sehr schönes Tuch«, sagt Rohd begeistert, als er mich darin ordnungsgemäß einwickelt. Ich sehe die Hoffnung in seinen Augen aufblitzen, dass dieses wunderschöne Tuch nach meiner Abreise in seinen spärlichen Besitz übergeht. Und wieder bin ich um eine Ahnung reicher: So ganz ohne materielle Wünsche verläuft wohl auch ein Bettelmönchleben nicht.

Rohd kramt ein paar Töpfchen und Tiegel hervor und sieht aus wie jemand, der vorhat, seine Schuhe zu putzen. Stattdessen beginnt er sich zu schminken, blickt dabei in sein altes gutmütiges Gesicht, das aus einer Spiegelscherbe zurückblickt. Die Stirn gelb, rote Punkte und Streifen über Wangen und den Oberkörper verteilt, schminkt er mich genauso. Und ich fühle mich lächerlich. So wie ich es oft in den ersten Momenten tue, wenn ich kopfüber in eine völlig fremde Welt eintauche. Mit der Zeit gibt sich das dann, aber anfangs fühle ich mich meist fremd und deplatziert.

»Was machen wir heute als Erstes, Rohd?«, frage ich, um auf andere Gedanken zu kommen. Er stellt eine kleine Teekanne aufs Feuer, das sein Bettelmönchnachbar soeben entzündet hat.

»Beten. Und leben. Sonst nichts.« Und während er darauf wartet, dass das Wasser im Kesselchen anfängt zu kochen, fällt er in sein Morgengebet, von dem ich kein einziges Wort verstehe außer »Shiva«.

»Aber was tue ich, wenn ich nicht an deinen Gott glaube?«, unterbreche ich ihn.

»Trotzdem beten. Denn er glaubt an dich, und das ist viel wichtiger.«

Na, wenn das so ist. Und so stehe ich plötzlich neben mir und sehe mich gelb-orange geschminkt, in einen safranfarbenen Umhang gehüllt, verkrampft im Lotussitz hockend, die Gottheit Shiva anbeten. Auf Hindi oder das, was für mich so klingt. Jedes achte Wort ist auf jeden Fall »Shiva«, das habe ich bei Rohd herausgehört, der mich jetzt zufrieden anlächelt.

Wieder ein Jünger mehr in meiner Herde, denkt er jetzt vielleicht oder: *Aus Jenke mache ich einen echten Bettelmönch, der gar nicht mehr von hier wegwill. Der bei uns bleibt für immer und ewig.* So etwas in der Art

huscht da durch sein schön faltiges Gesicht, das ich so
gerne malen würde, wenn ich bloß malen könnte.

»Ich könnte jetzt prima frühstücken, Rohd. Wie
sieht's bei dir aus?«

»Für mich nur Tee, vielen Dank. Wir frühstücken
nicht. Wir müssen jetzt beten.«

»Moment mal, wir haben doch gerade erst gebetet.
Für wie lange reicht denn so ein Gebet?«

Ohne eine Antwort kramt er zwei Hände voll Grünzeug hervor. Sein Bettelmönchnachbar ebenso. Und
der daneben auch. Und so geht die Reihe weiter und
weiter. Von einem bunt geschminkten Sadhu zum
nächsten. Das Grünzeug kommt mir irgendwie be-
kannt vor. Flashback. Damals war ich sechzehn, und
der Typ neben mir wollte zwölf D-Mark fürs Gramm.

»Moment mal, Rohd, ihr quarzt hier Gras auf leeren
Magen und betet dann?«

Eine Welle der Ernüchterung schwappt durch meinen Kopf, als Rohd zeitgleich in einer gigantischen Rauchwolke verschwindet. Und all seine Bettelmönchnachbarn ebenso. Es sieht aus wie ein Flächenbrand. Die Sadhus haben sich in eine aufgetürmte Cumulonimbus-Wolke verwandelt, aus der es kollektiv »Ohmm…« brummt. Als sich der Drogendampf endlich wieder verzogen hat, blicke ich in sechs breit grinsende Mönchsgesichter, die mir ihre Trichter hinhalten.

»Hier, Jenke, rauch auch. Dann kommst du leichter mit den Göttern ins Gespräch.«

Bedauerlicherweise habe ich erst wenige Wochen zuvor mit dem Rauchen aufgehört und in diesem Moment zu großen Bammel, wieder rückfällig zu werden.

»Gibt es noch eine andere Methode, mit Shiva und seinen Götterkollegen in Kontakt zu treten? Etwas für Nichtraucher?«

»Ja, klar,« antwortet Rohd, »Askese.«

»Du meinst das, wo man gar nichts mehr darf? Den absoluten Verzicht?«

»Ja«, lächelt Rohd, setzt den Riesenjoint wieder zwischen seine Lippen und fügt hinzu: »Aber das ist nichts für uns hier.« Woraufhin sechs grinsende Mönche nickend in der nächsten Rauchwolke verschwinden, eingebettet in ewige Glückseligkeit.

Wow, denke ich, Rohd sieht mit seinen weißen Löckchen und dem weißen Rauschebart, umhüllt von Nebel, aus wie der liebe Gott kurz vor einer großen Ansage. »Wow«, sage ich, als der alte Mann – geschmeidig wie eine Tempelkatze – die Beine übereinanderschlägt und sich in den Lotussitz biegt. Und das mit über achtzig. Wie viel über achtzig, hat er vergessen, spiele auch keine Rolle mehr, lässt er mich wissen.

Wie überhaupt sein ganzes Leben auf dieser Erde keine zu große Rolle spiele, denn es sei ja nur eines von vielen auf dem goldenen Weg zur ewigen Glückseligkeit. Ja, da hat er recht, denke ich, als mich ein Wadenkrampf zwingt, die Lotussitzhaltung wieder über den Haufen zu werfen und stattdessen dazuhocken wie eine Möwe beim Kacken. Ich bin nicht wirklich gelenkig, das muss ich gestehen. Seit Jahren versuche ich, aus dem Stand meine Füße zu berühren und meine Sehnen zu dehnen. Ein vergebliches Unterfangen. Bis dato.

»Nicht gerade die beste Voraussetzung, um mit uns hier als Sadhu zu leben«, flüstert Rohd. Und dann präsentiert er mir rund zwanzig verschiedene Yogapositionen, und sein über achtzigjähriger Körper biegt sich so stark in alle Richtungen, dass ich Angst habe, es macht gleich *Plopp!*, und seine Knochen fliegen mir um die Ohren. Aber weit gefehlt! Hier noch mal das rechte Bein hinter den Kopf, dann das linke und schließlich beide zusammen. In dieser Haltung wippt er hin und her wie ein alter Schaukelstuhl und spricht dabei ohne jede Anspannung: »Das ist meine Lieblingshaltung. So könnte ich den ganzen Tag verbringen.« Ich bin begeistert und habe plötzlich keine Angst mehr vor dem Alter. Wenn ich mit über achtzig noch so biegsam bin, dass ich gleichzeitig an beiden Zehen lutschen kann, freue ich mich sogar darauf.

Während Rohd in seiner Lieblingsposition verharrt, schaue ich ihm ungewollt in den Schritt – und entdecke eine Unterhose aus Stahl. Er trägt tatsächlich einen Tanga aus Metall! Zusammengehalten von einer kleinen Kette, die links und rechts entlang der Hüfte und zwischen den Pobacken verläuft. Immerhin ohne Rost.

»Eh, Rohd... ich hätte da eine Frage ...« und zeige entgeistert auf seinen schicken Schlüpper. Wipp hin, wipp her.

»Ich wasche nicht gern, weißt du. Das ist was für Frauen. Und da meine Frau weit weg lebt, habe ich mich für dieses Modell entschieden.«

»Du bist verheiratet?«

»Seit über dreißig Jahren.« Aber wie viel darüber, auch das weiß er nicht mehr.

»Habt ihr euch scheiden lassen, oder seht ihr euch regelmäßig?«, will ich wissen.

»Nein, wir sehen uns nicht mehr. Sie lebt ihr Leben und ich meins. Wir sind als Freunde auseinandergegangen, als ich eines Tages die Berufung zum Bettelmönch spürte. Das ist aber auch schon viele Jahre her.« Er wippt weise lächelnd.

»Wie viele?«, hake ich nach, obwohl ich die Antwort eigentlich schon kenne.

»Das weiß ich nicht mehr. Spielt aber auch keine Rolle. Denn dieses Leben ist nur eines von vielen auf dem Weg zur ewigen Glückseligkeit.«

Bingo.

Wer jetzt sagt: »Bettelmönch ist doch kein Beruf!«, dem antworte ich: Doch!

Für viele ja. Denn die meisten der Bettelmönche, die ich treffe, verdienen – wie der Name schon vermuten lässt – ihren Lebensunterhalt durch offensives Betteln. Sie hoffen nicht auf eine milde Gabe, sie bitten darum, fordern sie zum Teil sogar sehr energisch ein. Dann zum Beispiel, wenn Touristen die Tempelanlage besuchen und natürlich Fotos machen wollen von diesen merkwürdigen Männern, die dort mit bunt geschminkten Gesichtern, verfilzten Haaren und in einer Eisenunterhose halb nackt im Schneidersitz hocken und »Ohmmmm...« brummen. Das sind Fotos, mit denen man die lieben Bekannten daheim stark beeindrucken kann.

Und so nähern sie sich auch jetzt in Scharen, die weißhäutigen Hutträger in ihren zu kurzen Hosen, und zielen mit ihren digitalen Waffen auf uns und klicken und klicken. Und klicken noch aus diesem Winkel und auch aus jenem. Da fühlt man sich wie im Zoo. Aber auf der anderen Seite der Scheibe! Kann ich hier und jetzt mit einem Wadenkrampf bestätigen. Und wenn man sich dann schon im Gehege für die anderen zum Klops macht, dann sollen sie wenigstens dafür bezahlen, denken die Bettelmönche und in dem Moment des größten Wadenschmerzes auch ich. Der Tourist vor uns sieht das wohl anders und scheint zu denken: Ihr sitzt doch sowieso den ganzen Tag hier rum! Dabei ist Rumsitzen nicht gleich Rumsitzen. Und Rumsitzen und auf Glückseligkeit warten ist anstrengend. Verdammt anstrengend sogar.

Und so flippt der Guru neben Rhod, der auf seinem Weg zur ewigen Glückseligkeit nach eigenen Angaben seit Jahren nur noch Milch zu sich nimmt, dann auch kurzerhand aus, als sich das dicke deutsche Paar, ohne zu zahlen, davonmachen will. Er scheint wirklich die Kontrolle zu verlieren, wäre da nicht das ständige Lächeln, das seiner Wut seltsamerweise überhaupt nicht im Wege steht. Wahrscheinlich ist genau dieses Lächeln seine wirksamste Waffe. Denn wer trotz Wut und Ärger noch lächeln kann, der weiß, wie es läuft, der ist uns allen einen Schritt voraus. Deshalb bezahlt das nächste Paar dann auch freiwillig, und zwar viel mehr, als sie müssten.

Je länger ich neben Rohd und seinen Bettelmönchkollegen sitze, desto mehr entspanne ich mich. Ja, ich kann mir sogar vorstellen, bereits den ersten Fuß auf den Weg der Erkenntnis gesetzt zu haben. Jetzt nur noch Rohd zuhören. Und ihn von Zeit zu Zeit anschauen, den weise lächelnden Mann. Die Augen fallen mir zu vor Entspannung. Oder vor Müdigkeit? Weil dieser »Arbeitstag« wieder einmal so schrecklich früh für mich begonnen hat? Erwähnte ich eigentlich schon, dass mir zu frühes Aufstehen körperliche ...? Gut, ich wollte nur sicher sein.

»Sie kenne ich doch aus dem Fernsehen! Wir kommen aus Österreich und schauen dort immer Ihre Sendung. Sie sind doch der Berufetester!«, reißt mich das Urlaubspaar aus meiner Lotussitz-Kurzschlaf-Trance. Ich habe nicht bemerkt, dass seit vielen Minuten schon eine Reisegruppe mit Studiosus-Touristen vor uns Mönchen steht. Jeder einzelne von ihnen bewaffnet mit einer überdimensionierten Fotokamera. Aber ich bleibe locker. Ganz entspannt. Denn mittlerweile, nachdem ich Stunde um Stunde im Lotussitz eingebettet in einer Gruppe von Bettelmönchen im größten Hindutempel Nepals gehockt habe, kenne ich das Geheimnis des ewigen Friedens und der Glückseligkeit. Oder zumindest einen großen Teil des Mysteriums – und antworte gelassen:

»Nein, Sie müssen sich irren, gnädige Frau. Ich bin ein Bettelmönch. Auf der Suche nach der ewigen Glückseligkeit. Und jedes Foto kostet extra.«

EIN ZAUBERTRICK FÜR EINE MILLION DOLLAR?

Magier – Mannheim, Deutschland

David Copperfield ging nicht ans Telefon, und Siegfried und Roy treten nicht mehr auf nach dem schweren Unfall mit dem weißen Tiger, den Roy mit einem Großteil seines Lebens bezahlt hat. Aber ich will so gerne mal Magier sein – just for one day. Kein anderer Beruf auf dieser Welt lässt die Menschen so sehr an ihrem Verstand zweifeln, lässt sie wieder zu kleinen Kindern werden, die noch an das glauben, was sie sehen, und sich leicht täuschen lassen. Es gibt viele hauptberufliche Magier, die von diesem Traumberuf leben können. Mal mit mehr, mal mit weniger Erfolg, so wie das immer im Leben läuft. Ich will einen Lehrmeister mit Erfolg, am liebsten mit Welterfolg, weil dann die Zaubertricks noch spektakulärer und abgefahrener sind. Und deswegen bewerbe ich mich erst gar nicht bei der »Kaninchen-aus-dem-Hut-Fraktion«, die allabendlich in den Kurhäusern der Republik alte Damen um den Verstand bringt. Ich schreibe einem der letzten großen Weltstars unter den Magiern – Hans Klok. Der Holländer mit der (zauberhaften!) Fönfrisur hat kurz zuvor weltweit für Schlagzeilen gesorgt, als er mit der vollbusigen Pamela Anderson als Assistentin in Las Vegas aufgetreten ist. Gut, bei einem Ersatz für die Baywatchnixe denkt man jetzt nicht sofort an mich – aber warum denn eigentlich nicht?

Hans sieht das wohl ähnlich und bietet mir den Azubi-Job für einen Tag an. Unter bestimmten Voraussetzungen natürlich. So muss ich die Klappe halten, darf nichts verraten, von dem, was ich entdecke oder was er mir verrät.

»Logo, Hans. Großes Ehrenwort«, sage ich am Telefon und kreuze vorausschauend Mittel- und Zeigefinger. Gerade will ich zufrieden auflegen, als mir eine nicht unwichtige Frage durch den Kopf schießt: »Wo in Las Vegas treten wir eigentlich auf? Im Bellagio? Im Wynn oder im Riviera? Oder abwechselnd mit Elton John im Ceasars Palace?« Ach, diese Stadt hat so verdammt viele gute und legendäre Bühnen zu bieten! Ich bin sehr gespannt, wo ich die letzten verbliebenen Atome von »Weltstarschweiß« einatmen darf.

»In Mannheim, Jenke. Rosengarten, Mozartsaal, um genau zu sein«, höre ich die Stimme am anderen Ende.

»Wie bitte? Wo?« Nein, das will ich nicht glauben. Das darf nicht sein! Wahrscheinlich meint er Mannheim in Nevada. Ich meine, die Amis haben doch vielen Städten deutsche Namen gegeben, oder?

»Mannheim. In der Nähe von Worms und Speyer. Noch nie davon gehört? Zweitgrößte Stadt Baden-Württembergs!«

Ja, eben, nur zweitgrößte, denke ich und frage zur Sicherheit doch noch einmal nach: »Irrtum ausgeschlossen?«

»Ja, wieso?«, fragt er etwas irritiert.

»Ach, nicht wichtig. Besten Dank und bis nächste Woche dann.« Ich lege auf und bin enttäuscht. Hoffentlich habe ich nicht versehentlich mit einem Namensvetter des berühmten Hans Klok gesprochen und lande doch noch im Kurheim auf der Suche nach dem Karnickel im Hut.

Die Zeit bis zu meinem ersten Showauftritt – denn mein erklärtes Ziel ist es, an Hans' Seite auf der Bühne zu stehen – nutze ich und mache mich auf die Suche nach einem passenden Bühnenoutfit. Einen schwarzen Anzug finde ich zu langweilig, und wahrscheinlich wird ja auch Klok im Frack auf der Bühne stehen, sodass wir kaum noch zu unterscheiden wären :-)

»Ich brauche etwas ganz Besonderes. Nicht zu wild, aber auch nicht zu gewöhnlich«, erkläre ich meinem Lieblingsverkäufer im Herrengeschäft meines Vertrauens.

Ich stieß vor Monaten zufällig auf ihn. Und hätte zunächst keinen Pfifferling auf seine Tipps gegeben. Er war nämlich der am schlechtesten gekleidete Angestellte im ganzen Laden. Im ganzen Gebäude. Ach, was sag ich da, in der ganzen Stadt. Anfangs versuchte ich, seinem Beratungsangebot zu entkommen, und suchte das Weite, sobald er in meine Richtung guckte. Ich entspannte mich erst wieder, wenn er ein anderes Opfer gefunden hatte. Doch eines Tages war ich wohl unkonzentriert, und er stand plötzlich hinter mir. Grußlos hielt er mir eine ganz besonders geschnittene schwarze Hose unter die Nase: »Die könnte etwas für Sie sein. Probieren Sie die doch mal.«

Ich sah auf den ersten Blick, dass diese Hose genau das war, was ich seit Längerem gesucht hatte, und so vergaß ich für kurze Zeit, wer da vor mir stand, nämlich jemand, der seine eigene Hose bis knapp unter die Brustwarzen gezogen trägt. Igitt. Aber seine Intuition und sein Augenmaß hatten ihn nicht getäuscht, die schwarze Hose, die er mir ungefragt ausgesucht hatte, saß perfekt. Dazu schob er mir noch das passende Sakko durch den Vorhang: »Das hier ist ein Muss. Zusammen mit der neuen Hose Ihre Kombi des Jahres!« Was für ein Profi. Und deshalb genau der richtige Mann für das Bühnenoutfit von Zauberlehrling Jenke.

»Nicht zu wild, aber auch nicht zu gewöhnlich ...«, wiederholt er meine Bestellung. »Ich glaube, ich weiß genau, was Sie meinen. Bin sofort zurück.« Und während ich einen Schwarzen beobachte, wie er sich in seinem schneeweißen Anzug vor dem Spiegel dreht, als hätte er Rollen unter den Füßen, steht plötzlich Mister »Mir ist egal, wie ich aussehe, Hauptsache, meine Kunden sehen gut aus« wieder vor mir und hält mir einen silbern glänzenden Designeranzug vors Gesicht. »Nicht auf den ersten Gedanken hören. Der zweite zählt. Einfach mal reinschlüpfen«, und plötzlich spüre ich, wie mich seine Worte in die Umkleidekabine ziehen, als hinge ich an unsichtbaren Fäden. Der Mann ist ein Zauberer, auf seine Art, denke ich.

»Wow, schicker Anzug!«, begrüßt mich Hans Klok am nächsten Tag und bittet mich in seine Garderobe, in der ich vor lauter Haarspraydosen gar keine Zauberrequisiten erkennen kann. »Sind die eigentlich echt?«, frage ich und zeige auf seine goldene Klockenmähne. Er lacht, wahrscheinlich hat er diese Frage schon so oft gehört wie ich die nach Paybackpunkten an der Supermarktkasse.

»Kannst gerne daran ziehen«, antwortet er und beugt den Kopf vor, so als ob er für dieses Angebot jetzt erst mal gestreichelt werden wolle. Ich greife ihm ins volle Haar und ziehe daran. Und zwar nicht nur so pro forma aus reiner Höflichkeit, sondern richtig mit beiden Händen, tief wie der Bauer ins Karottenfeld.

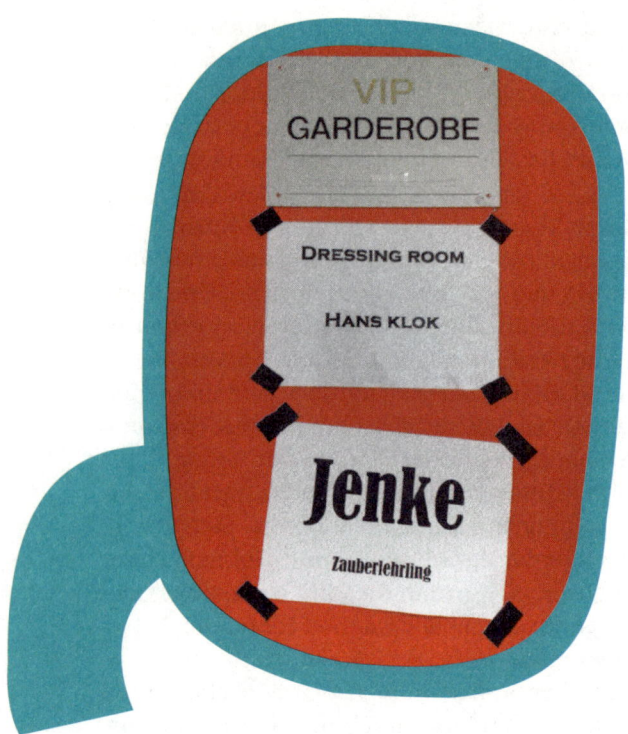

Zumindest hier wird mein Name bereits großgeschrieben

Er zieht den Kopf schnell wieder zurück. »Siehst du. Alles echt. Zumindest auf dem Kopf. Hahaha ...«

Da ich niemals unvorbereitet einen fremden Beruf ausprobiere und mich vorher immer schlaumache, habe ich diesmal sogar zu Hause geübt. Einen Trick aus dem Zauberladen in Köln, der mich 15 Euro gekostet hat.

Dort habe ich ein etwa vierzig Zentimeter langes Seil erstanden, das man allein durch die Art, wie man es hält, versteifen kann. Dreht man es zum Beispiel nach links, hängt es durch, wie ein Seil eben durchhängt. Dreht man es aber nach rechts, ist es plötzlich steif wie ein Stab. Dazu ein bisschen Showbusiness mit den Händen, ein bisschen Oh! und Ah! mit den Augen, und schon wird eine Performance daraus. Und genau die führe ich Hans Klok in seiner Garderobe neben all den Haarspraydosen jetzt vor. Ich möchte seine Meinung dazu wissen. Ja, klar – und ihm zeigen, dass ich mitnichten ein blutiger Anfänger bin. »Nicht so schön wie dein Anzug, Jenke, aber nicht schlecht. Du musst nur noch viel mehr Show drum herum machen. Andere Körperhaltung, schnelle Bewegungen im Wechsel mit Zeitlupe und noch viel, viel mysteriöser schauen. Etwa so.«

Und als ob eine unsichtbare große Windmaschine seine Haarmähne erfasst hätte, steht er plötzlich in dieser typischen Weltstarpose vor mir und hält dieses dämliche 15-Euro-Seil in seinen Händen, als würde er Millionen von Zuschauern zum ersten Mal eine absolut einmalige Sensation präsentieren. Es ist großartig, und ich bekomme sofort eine Gänsehaut. Der Mann hat es drauf.

»Etwa so, Jenke. Da musst du noch ein bisschen dran arbeiten.«

Das ist mein Stichwort. »Und wenn ich es draufhabe, kann ich mit dir heute Abend zusammen auf der Bühne zaubern?« Zum ersten Mal lasse ich die Katze aus dem Sack, um im Magierjargon zu bleiben, und verrate ihm mein erklärtes Ziel. Sein Blick bohrt sich in meinen, als ginge plötzlich eine leise Gefahr von mir aus, und er verschwindet aus der Garderobe, als hätte ihn ein unsichtbarer Sog erfasst. War das jetzt ein Ja oder eher nicht? Trotz der Lektüre diverser Bücher über Körpersprache bin ich ratlos. Und stehe dumm rum.

Hans Klok und ich üben Weltstarposen

Wie man halt so rumsteht, wenn man kein Zauberer ist: das Körpergewicht auf ein Bein verlagert und beide Arme teilnahmslos herabhängend, so sehe ich mich in seinem Garderobenspiegel. Das sieht nicht besonders gut aus, nicht überzeugend und schon gar nicht magisch, denke ich. Da muss ich dringend dran arbeiten, und so pose ich erst mal in aller Ausgiebigkeit, so wie ich es damals in meinem Kinderzimmer mit dem Tennisschläger tat, als ich die Gitarrensoli von Carlos Santana nachspielte.

Auf der Suche nach einer Antwort auf meine Auftrittsfrage finde ich den großen Meister schließlich auf dem Gang mit einer Kippe im Mund. Er geht ein paar Kartentricks durch, und die sind gar nicht übel. Aus seiner Handmitte kriechen immer neue Spielkarten hervor, die er dann mit den Fingern derselben Hand durch den Raum schnippt.

»Allein dieser Trick kostet etwa 4000 Dollar, und um

ihn perfekt zu beherrschen, musst du viele Wochen lang üben.«

»Jetzt weiß auch, warum die Eintrittskarten für eure Shows immer so teuer sind. Wie geht die Preisliste denn weiter?«, will ich wissen und rutsche unauffällig immer näher an ihn heran, in der Hoffnung, hinter das Geheimnis dieses Tricks blicken zu können.

»Ich habe eine Nummer im Programm, die hat mich über eine Million Dollar gekostet. Ich musste die Besitzerin immer wieder bitten. Über Monate hinweg. Es war die Witwe des großen Houdini. Alle großen Magier wollten diesen Trick kaufen. Und eines Tages hat sie mir das Geheimnis endlich verraten. Und ich habe gezahlt.«

Schluck. Und noch mal Schluck. »Für so viel Geld muss eine alte Frau aber lange zaubern. – Apropos zaubern. Wie sieht's aus mit uns beiden Hübschen heute Abend? Darf ich meinen sensationellen Seiltrick in deiner Show präsentieren? Schau mal, ich hab auch geübt!« Und plötzlich verwandelt sich der dumm rumstehende Jenke in ein Feuerwerk der Leidenschaft, ich sehe meine nicht vorhandene Mähne vor meinen Augen flattern wie Lametta am Weihnachtsbaum bei Durchzug. Ich stehe wie auf einem unsichtbaren Surfbrett beim Ritt über die nächste Riesenwelle. Ich fuchtele mit den Armen, sprühe mit den Augen Magie durch den Raum und lasse das blöde Seil mit einem einzigen Fingerschnipp steif werden und mit einem weiteren wieder schlapp. Ich finde mich so gut, dass ich kurzzeitig überlege, mich mit diesem Trick als Werbefigur für Viagra zu bewerben. Und auch der große Hans staunt nicht schlecht, als ein erneuter Sog ihn aus dem Zimmer zieht. Wortlos. War denn das jetzt ein Ja oder immer noch nicht?

Stunden später. Die Show hat längst begonnen, und ich hab immer noch kein Okay von Hans. Sitze stattdessen in der ersten Reihe des Zuschauerraums zwischen Hunderten von Silberpappeln. Fühle mich als Mimikry in meinem schönen, silbern glänzenden neuen Anzug, den die silberhaarigen Zuschauer um mich herum mit verständnislosem Blick mustern. Da! Hans hat meinen Namen gesagt, moderiert mich soeben an. Wie versprochen. Ich soll nämlich unten so lange warten, bis er mich auf die Bühne bittet. Aber was ich jetzt da oben machen soll, davon hatte er nichts gesagt. Flink wie ein Silberfisch klettere ich auf die Bühne – und schon bin ich Bestandteil eines Tricks vom großen Meister. Es geht um eine Zitrone, in der ein Geldschein auftaucht und dann auch wieder verschwindet. Nett, aber für mich in diesem Moment völlig uninteressant, denn ich gehe im Kopf noch mal schnell meinen Seiltrick durch.

Jetzt und hier vor Hunderten von Zuschauern kann er ja nicht mehr Nein sagen, und so stelle ich jetzt nicht mehr ihm, sondern dem Publikum die Frage: »Haben Sie Lust auf meinen sensationellen Seiltrick?«

Hans' Gesichtsmuskeln machen in diesem Moment eine Vollbremsung. Er hält seine magische Zitrone noch in der Hand und scheint alle Zauberkraft in seine Augen legen zu wollen, um mich davon abzuhalten, in seiner Show mein Seil steif werden zu lassen. Ich fühle mich kurz hypnotisiert wie die Maus von der Schlange, löse mich aber von seinem Blick und mache Pamela Anderson alle Ehre. Nicht weil ich plötzlich aussehe wie sie, sondern weil ich die volle Aufmerksamkeit und Begeisterung des Publikums an mich hefte. Ich lasse das Seil steif und schlapp werden. Wieder und wieder. Während ich dastehe, wie man in einer großen Show nur dastehen kann: wie einer der größten Magier unserer Zeit. Ganz selbstverständlich und ganz selbstbewusst. Und während ich im Applaus ausgiebig bade und mich wieder und wieder verbeuge, höre ich ein strenges Nuscheln. Ein nur für mich hörbares Nuscheln: »Darüber sprechen wir später noch mal, Jenke!«

Wessen Worte waren das? Ist doch niemand hier auf der Bühne außer Hans und mir? Ich schaue in seine glitzernden Magieraugen und höre dieselben Worte noch einmal: »Darüber sprechen wir später noch mal!« Nichts. Nicht die kleinste Bewegung seiner Lippen. Merkwürdig. Und doch könnte ich schwören, es wäre seine Stimme. Die Stimme eines der größten Magiers unserer Zeit.

IM ANGESICHT DES TODES
Kohlenschlepper – Berlin, Deutschland

Herzlichen Glückwunsch! Das ist der schwerste Bandscheibenvorfall, den ich in meinen vierzig Berufsjahren als Orthopäde im Krankenhaus gesehen habe!«

Ich weiß nicht, ob ich stolz oder erschüttert sein soll. Ich liege vor dem erfahrenen Oberarzt in meinem Krankenbett und kann mich seit Stunden keinen Millimeter mehr bewegen, bin geschwächt durch höllische Schmerzen und düstere Gedanken. »Das müssen wir sofort operieren, Sie haben nicht nur einen, Sie haben gleich einen doppelten Bandscheibenvorfall. Ich lass schon mal alles für eine OP morgen vorbereiten.« Mit diesen aufmunternden Worten lässt er mich allein zurück, gefangen in meinem Gedankenkarussell.

Ich schaue auf den kleinen Fernsehapparat, der in diesen Zimmern immer irgendwo schräg unter der Decke hängt, weil er für die meisten Patienten das einzige Fenster zur Außenwelt ist, durch das sie ohne große Anstrengung noch blicken können. Es läuft die Übertragung einer Leichtathletikmeisterschaft, und irgendwelche sportlichen jungen Menschen rennen schnell und geschmeidig wie Raubkatzen und springen dabei auch noch lässig über Hürden. Die Worte des Oberarztes hallen durch meinen Kopf:

»Sie sollten in Zukunft nicht mal mehr eine Einkaufstasche tragen, so schlecht steht es um Ihren Rücken. Auch über Sport müssen wir dann noch mal reden. Also, Schwimmen könnte klappen, Rückenschwimmen, aber bei allem anderen sehe ich in Zukunft schwarz.« Nie zuvor habe ich mich so gefangen gefühlt, plötzlich aller Möglichkeiten beraubt. Natürlich will ich noch Fallschirmspringen, über die Copacabana paragliden und mit Mongolen in der Steppe Asiens wilde Ringkämpfe ausführen, und da verbietet mir der Arzt für die Zukunft selbst das Tragen einer REWE-Tüte?

Auf Wiedersehen, Leichtigkeit. Bonjour, Tristesse. In den wenigen zurückliegenden Tagen bin ich um Jahre gealtert, und ich ertappe mich dabei, wie ich mir im Geiste schon Gedanken über die Farbe meines Rollators mache.

Viele Jahre später. Kohlenschlepper Dirk reicht mir die achtzig Kilo schwere Holzkiste, die ich mir auf den Rücken binde, um sie in den Berliner Altbaukeller zu schleppen. Seit Stunden schon versorgen wir die Hauptstadtmenschen mit Briketts und Eierkohlen, sack- und kistenweise, damit sie den brutalen Berliner Winter schön wohlig warm überstehen. Dirk ist einer der Letzten seiner Art und erinnert mich an einen Dinosaurier. Schon bald wird sein Beruf des Kohlenschleppers ausgestorben und nur noch in Erzählungen lebendig sein. Ich bin wirklich sehr froh. Nicht nur, dass der Arzt von damals unrecht hatte und ich wieder herumhüpfe wie eine junge Bergziege. Nicht nur, dass ich wieder massenweise Einkaufstüten nach Hause schleppe und jetzt sogar mein eigenes Körpergewicht in Eierkohlen! Sondern auch, dass ich diesmal einen Beruf ausprobieren darf, den es in ein paar Jahren nicht mehr geben wird.

»Jenke als Zeitzeuge« könnte später einmal in der Wochenendausgabe meiner Altersheimzeitschrift stehen, dazu ein Foto von mir mit schneeweißen Locken, eine goldumrandete Brille auf der Nase, wie ich vor meinem Fotoalbum sitze und stolz auf das Bild mit Dirk, mir und dem Kohlensack zeige.

Ein Foto wie aus alten Zeiten

Dirk ist allerdings gar nicht stolz auf seinen Beruf und war es auch nie. Genauso wenig wie die Müllmänner, die Kanalarbeiter, die Mitglieder der Putzkolonne oder die Klofrau, die ich in den letzten Jahren begleitet habe. Und immer wieder stellt sich mir die Frage, warum man einen solchen Beruf dann überhaupt dauerhaft ausübt? Wie kann man das jahrelang durchhalten? Warum setzt man nicht alles daran, eine andere Arbeit machen zu können? Und wie immer im Leben hat auch hier jeder seine Geschichte, die ihn gefangen hält. Für Pauschalantworten ist wieder einmal kein Platz.

»Familientradition«, sagt Dirk, ein Meister der Einwortsätze, und verschwindet schwer bepackt auf der Kellertreppe. Ich versuche Schritt zu halten, schwitze und schwanke unter der schweren Kohlenlast auf meinem Rücken wie eine übergewichtige Hummel beim Landeanflug auf einen dünnen Grashalm. Allein in den letzten dreißig Minuten haben wir etwa tausend Kilo Kohle in diesen Keller gebuckelt, und immer wieder tauchen für kurze Zeit Bildfetzen vor meinem inneren Auge auf, wie ich damals bewegungsunfähig im Krankenhaus lag. Mein Rücken scheint sich zum Glück nicht daran zu erinnern und macht die Strapazen, ohne zu murren, mit.

»Besonders gesund ist dein Beruf aber nicht, Dirk!«

»Nee, wird ja auch kaum einer älter als fuffzig! Fallen plötzlich um wie die Fliegen. Allein aus meinem Kollegenkreis hat es in den letzten Jahren mehr als die Hälfte erwischt.«

Nächste Ladung, nächste Kiste, nächste Treppe. Ich hetze und keuche hinterher.

»Die sind bestimmt alle unterm Kohlensack zusammengebrochen.«

»Auch. Die leben halt alle so unjesund. Viele von denen haben im Leben keine Vitamine gesehen. Rauchen stattdessen Kette und trinken gerne einen. Dazu die schwere Arbeit und der Staub. Das macht kein Körper lange mit.«

Nächster Sack, nächster innerlicher Kopfschüttler von mir, nächste Kellertreppe. Warum habe ich mir bloß vorgenommen, als Azubi immer konsequent mit anzupacken? Diesmal ist es eine echte Schufterei. Doch egal, welchen Beruf ich ausprobiert habe, immer habe ich volle acht bis vierzehn Stunden genauso hart gearbeitet wie der Mensch, den ich begleitet habe. Ich bin ein Azubi, wie ihn sich jeder Chef wünscht! Jawohl! Nicht so ein verwöhnter Presseheini, der mal kurz reinschnuppern will und nur danebensteht.

Apropos stehen: Schon wieder stehe ich irgendwie unpassend da, nicht so, wie man wohl in diesem Beruf stehen sollte: ein bisschen schief und tief nach unten gebeugt von einer riesigen, bis obenhin vollen Kohlenkiste. Sie ist so schwer und unhandlich, dass ich gerade so irgendwie unpassend damit rumstehen kann. Aber ich habe keine Ahnung, wie ich sie jemals heil von meinem Rücken runterbekommen soll. Die linke Hand halte ich stützend unter die Kiste, die rechte ist von einem starken Lederband umwickelt, wie der Fuß von Brad Pitt in Troja. Diesen Riemen braucht der Profi-Kohlenschlepper, um das Gewicht der Kiste zu balancieren und vor allem um sie wieder ablassen zu können. Das geht nur mit diesem Lederband, doch wie genau – das weiß ich nicht. Und so stehe ich da und warte auf Dirk. Aber der kommt nicht. Wahrscheinlich macht er ausgerechnet jetzt oben am Lkw die erste Pause des Tages, während sich hier unten im Altbaukeller gerade der Lederriemen in meine Schulter schnürt wie der zu enge BH-Träger einer Dame mit Körbchengröße Doppel D.

»Auaaa!« Verdammt, wo bleibt der denn? »Dirk? Eh … Hiiilfe!« Die Holzkiste auf meinem Rücken ist etwa einen Meter hoch und einen halben Meter breit. Sie ist nicht besonders tief, nur so, dass Kohlebriketts darin gestapelt werden können. Die allerdings rutschen aus der Stapelung, wenn man sich zu weit nach hinten lehnt. Man nennt sie nicht ohne Grund die »Sklavenkiste«. Sie ist wirklich schwierig zu handha-

Die Sklavenkiste

ben, aber man kann auf keine Art und Weise mehr Kohlen auf einmal mit dem Körper transportieren. 160 Briketts à 500 Gramm liegen gestapelt auf meinem Rücken und wollen endlich entladen werden, bevor ich hier zusammenbreche. »Dirk? Verdammt! Ich kann langsam nicht mehr!«

Ich versuche mich zu drehen, so wie ich es bei Dirk beobachtet habe. Er schwingt die Sklavenkiste immer lässig über die rechte Hüfte und lässt sie in einem Rutsch so ab, dass die wertvolle Fracht langsam und kontrolliert rauspurzelt. Das schaffe ich Anfänger nicht, so viel ist klar. Mir steht der Schweiß zentimeterdick auf der Stirn, mein T-Shirt tropft, als wäre ich gerade aus dem Swimmingpool gestiegen. Und dann fangen auch noch meine Beine an zu zittern, wie dereinst bei Sam and Dave, als sie von *sweet soul music* sangen. Dabei fühl ich mich gar nicht groovy.

»Di-i-i-irk! Wasser! Hilfe! Mama!«

Ich lehne mich noch weiter nach vorn, damit die Kiste nur auf meinem Rücken liegt, das Gewicht sich besser verteilt. Plötzlich ein Knacken in meinem Rücken. Verdammt, ob der sich gerade daran erinnert, dass er nicht einmal eine REWE-Tüte tragen darf? Noch ein Knacken. Oder war das jetzt die Holzkiste? Rücken oder Kiste? Das macht keinen Unterschied mehr, denn mittlerweile sind wir eins! Verwachsen auf immer und ewig.

»Was für ein mieser Abgang«, hauche ich mit letzter Kraft. Um Hilfe rufen kann ich nicht mehr. Wie kleine Propellerflugzeuge, die eine Werbefahne hinter sich herziehen, gleiten an meinem geistigen Auge Schlagzeilen vorbei. *Nicht untalentierter Fernsehreporter während der Arbeit von Braunkohlebriketts zu Tode erdrückt,* steht auf der einen. *Für seinen Job gab er alles!,* auf einer anderen. Ob man mich überhaupt finden wird unter den 160 Briketts? Wahrscheinlich wird Dirk denken: Die hat Jenke aber super abgeladen. Einen richtig schönen Kohlehaufen hat er da hingesetzt. Schade nur, dass er sich danach aus dem Staub gemacht hat. War ein guter Arbeiter, ein hervorragender One-Day-Azubi. Dann wird er den Keller verlassen, in seinen alten Lkw steigen und sich wundern, dass ich mich nie wieder bei ihm melde. Wenn ich Glück habe, findet mich die Kundin eines Tages, wenn sie den Kohlehaufen abgetragen hat und neue Kohle bestellen muss. Da aber nur noch etwa 3 % der Berliner mit Kohle heizen, ist es auch durchaus möglich, dass die alte Dame vorher auf Elektroheizung umrüstet und den Kohlehaufen gar nicht mehr anrührt. Dann wird man mich frühestens in ein paar tausend Jahren wiederfinden, als Fossil. Als Brikett. Jenke als Braunkohlebrikett.

»Setz endlich die Kiste ab, und komm mir helfen.

Ick warte die ganze Zeit da oben auf dich. Hatte schon jedacht, du hättest keinen Bock mehr. Oder die Kohle hätte dich verschüttet.«

Dirk! Ist! Da! Und greift sich endlich meine Kiste. Er nimmt sie mir vom Rücken, der daraufhin mit einem erneuten Knacken antwortet, das klingt wie: »Sag mal, spinnst du!«

Sofort verschwindet Dirk wieder die Treppe hoch. Zum ersten Mal an diesem Tag höre ich ihn leise lachen. Und einen Witz machen: »Hätt dich ja nie wieder jefunden, wa! Wennde unter den Kohlen verschütt jejangen wärst, hahahaa…«

»Na, das wär ja was gewesen«, erwidere ich und schleiche ihm gekrümmt hinterher. »Man hätte mich ja frühestens in ein paar tausend Jahren wiedergefunden, als Fossil. Als Brikett. Jenke als Braunkohlebrikett. – Auf was für Ideen du kommst! Hättest du denn überhaupt nach mir gesucht, Dirk?«, rufe ich ihm hinterher, als er gerade den Keller verlassen hat. Pause. Echo. Und dann doch endlich seine Stimme aus der Ferne:

»Für so wat hab ick keene Zeit!«

MACH IHNEN EIN ANGEBOT, DAS SIE NICHT ABLEHNEN KÖNNEN
Pizzabäcker – Neapel, Italien

Haben Sie schon mal Pizza gebacken? Mit Sicherheit. Für die Familie und liebe Freunde. Aber für so richtig üble Gesellen? Für die Mafia?

Ich ja! Und um ehrlich zu sein, sah ich mich schon mit einem Paar Betonschuhen im Hafenbecken versenkt, für immer und ewig entsorgt.

Denn meine Pizza machte die Herren in ihren grauen Anzügen nicht besonders glücklich. Das konnte ich in ihren Augen lesen, auch wenn sie versuchten, mich mit ihrem freundlichen Blick zu täuschen. Freunde, ich habe den *Paten* mindestens fünfmal gesehen. Ich kann einzelne Szene sogar lippensynchron mitsprechen. Mir macht ihr Nadelstreifenträger also nicht so leicht was vor. Doch wie kam es überhaupt zu diesen ehrenwerten Gästen?

Ich stehe seit dem frühen Morgen am Steinofen einer der ältesten Pizzerien der Welt, quasi an der Wiege des belegten Teigfladens. Obwohl die Pizza ja eigentlich von den Etruskern in Kleinasien erfunden wurde und nicht von den Italienern, aber das würde jetzt zu weit führen. Die Margherita jedenfalls soll in Neapel kreiert worden sein, zu Ehren der italienischen Königin Margherita.

Die dort übrigens auch heute noch als Erfinderin des Pizzataxis verehrt wird, denn sie war die Erste, die sich den Snack in den Palast liefern ließ. Danke, Margherita, auch von meiner Seite!

Mein Chef des Tages ist Antonio Starita, der als Jugendlicher schon am Pizzaofen stehen musste, weil sein Vater so früh verstarb. Damals war er vierzehn und musste fortan die Familie mit dem kleinen Restaurant über die Runden bringen. Antonio nahm sich vor, die beste Pizza Neapels zu backen, und ich möchte behaupten, er hat es geschafft. Nirgendwo habe ich je eine so leckere, knusprige, hauchdünn ausgerollte und mit saftigen Zutaten belegte Pizza gegessen. Noch jetzt tropft mir der Speichel auf die Tastatur, und ich muss mir – um runterzukommen – eine Tiefkühlpizza in den Ofen schieben. Obwohl das in etwa so ist, als würde man – höchst erregt – erst mal ein Bad in eiskaltem Wasser nehmen. Die Tiefkühlpizza wird zur Pizza Interruptus.

Antonio ist jetzt 65 Jahre alt, steht immer noch täglich in seinem Restaurant und hat keinen männlichen Erben.

»Nur Mädchen. Ich habe nur Mädchen zustande gebracht. Nicht gerade die idealen Pizzabäcker. Was soll's, dafür sind sie zauberhaft und regeln alles andere hier im Restaurant.«

Vielleicht liegt hier der Grund, warum Antonio mir an diesem Tag alle Geheimnisse über die Zubereitung der perfekten Pizza verrät. Vielleicht sieht er in mir den männlichen Erben. Wenigstens für einen Tag.

Pizzabäcker Jenke

Lektion 1: Spare nie an den Zutaten!

Und schon stehen wir auf einem kleinen, in einer Seitenstraße versteckten Markt mit feinstem Gemüse,
und Antonio gibt mir die Aufgabe, alles zu kaufen, was
wir für eine Margherita brauchen.

Nun koche ich selber gern, sehr gerne und sogar oft
und kenne den Unterschied zwischen schlechter, guter
und hervorragender Ware.

»Ich hätte gerne Tomaten vom Fuße des Vesuvs«,
versuche ich Antonio zu beeindrucken.

»Sehr gut, mein Junge«, lobt er mich und zeigt auf den Verkäufer am Ende des Ganges. »Wir holen sie dort. Der versucht uns wenigstens nicht über den Tisch zu ziehen.«

»Dazu guten Büffelmozzarella. Aber den gibt es hier wahrscheinlich an jeder Ecke«, ergänze ich.

»Ja, aber den besten verkauft mein Freund dort drüben«, sagt Antonio und zeigt nach links. »Fehlt noch was, meine Junge?«

»Basilikum, Chef.«

»*Ecco*, du gefällst mir!«, nickt er und haut mir kräftig auf die Schulter.

Mir wird warm ums Herz. Und trotzdem kommen mir leise Zweifel. Würde ich einem Menschen, den ich gerade mal ein paar Stunden kenne, mein Geschäftsgeheimnis verraten? Würde ich das Risiko eingehen, dass dieser Fremde ein paar Meter weiter seine eigene Pizzeria aufmacht und so zum Konkurrenten wird?

Nach kurzem Nachdenken komme ich zu dem Schluss: Ja, wahrscheinlich. Denn auch ich glaube an das Gute im Menschen.

Lektion 2: Das perfekte Rezept
3 Liter Leitungswasser (am besten aus Neapel)
150 Gramm Meersalz
56 Gramm Frischhefe
5 ½ Kilo gutes Mehl (am besten italienisches Doppel-Null)

»Das war's. Mit Liebe vermischen und wie ein Baby ruhen lassen. Sechs bis zwölf Stunden.« Vorher formt er aus dem Teig noch Kugeln, während ich mich gerade wie ein Voyeur fühle, denn Antonio rollt die Kugel anders als alle anderen. Es sieht aus, als läge unter seinen großen Pizzaknethänden gerade eine Frau, deren Brüste er massiert. Und zwar beide gleichzeitig. Die linke gegen, die rechte im Uhrzeigersinn.

»Wie beliebt seid ihr Pizzabäcker eigentlich bei den Frauen?«, frage ich. Antonio lächelt. Vielleicht auch, weil er die Frage geradezu provoziert hat mit seinem leidenschaftlichen Kugelgeknete. »Du hast es bemerkt, ja? Ein Teig ist wie eine Frau. Du musst dich ihm zärtlich und ausdauernd widmen. Nur dann geht er schön auf. So wie eine Frau. Vergiss das nicht!«

So habe ich das noch nie betrachtet, aber wenn ich mich an die vielen Frauen erinnere, die ich an diesem Tag in und um die Pizzeria herum gesehen habe, verstehe ich, was Antonio meint: Die waren alle aufgegangen. Und zwar bis zur Konfektionsgröße XXL. Vielen Dank für den Tipp, aber ich werde meine Freundin lieber auf bewährte Art formen, eh, massieren.

Mit einem Blech voller kleiner runder Teigbrüste stiefeln wir an den Pizzaofen, das Herz jeder Pizzeria. Plötzlich geht die Restauranttür auf, und zwei gut gekleidete, kleine Herren mit umso größeren Sonnenbrillen und einem Aktenkoffer in der Hand betreten das Restaurant. Eigentlich haben wir gerade geschlossen. Mittagszeit. Anlernzeit. Aber bei diesen Herren macht Antonio eine Ausnahme und bittet sie in den Speiseraum um die Ecke. Etwas in seiner Körperhaltung und Stimme signalisiert mir, dass dies ein ganz besonderer Besuch ist.

»Sind das Verwandte von dir oder Freunde?«, versuche ich die Situation einzuordnen.

»Mhm, irgendetwas dazwischen. Ich zeig dir jetzt schnell, wie du den Teig ausrollst, und dann kannst du deine erste Pizza backen.« Antonio ist mit den Gedanken ganz woanders, das spüre ich, obwohl ich ihn erst seit ein paar Stunden kenne. Anspannung, Nervosität und Unsicherheit verändern Körperhaltung, Mimik und Gestik überall auf der Welt auf sehr ähnliche Art und Weise. Da ist es egal, welche Sprache man spricht.

»Hauchdünn muss er sein, sodass man fast durchschauen kann, siehst du!« Er hält den ausgerollten Teig gegen die durchs Fenster einfallende Mittagssonne. Legt ihn dann behutsam zurück auf die bemehlte Anrichte, streicht noch einmal zärtlich darüber und garniert ihn dann mit feinstem Olivenöl, selbst gekochter Tomatensoße, meinen Vesuv-Tomaten, Mozzarella und ein paar getrockneten Kräutern.

»*Ecco*, mein Freund. So wird's gemacht. Jetzt bist du dran. Ich muss mich kurz um meine Gäste kümmern«, sagt er leicht hektisch und verschwindet im Nebenraum.

Neapel gilt als die Hochburg des Verbrechens in Italien. 80 % der Geschäftsleute zahlen hier Schutzgeld an die Mafia, so eine aktuelle Statistik. Und Antonio ist einer von ihnen, denke ich. Es tut mir leid um ihn und die anderen Menschen, die ihr schwer verdientes Geld ungefragt teilen müssen und kaum eine Chance haben, dagegen zu rebellieren.

»Zwei Pizza Margherita für die Herren. Schaffst du das, Jenke?« Antonio ist zurück, sein Gesicht viel entspannter als zuvor.

»*Si chiaro*«, lächle ich ihm entgegen. Toll! Meine ersten Profipizzen! Mein Herz hüpft.

»*Bene*. Ich bin gleich zurück.« Und wieder verschwindet er in Richtung Aktenkoffer. Wobei er diesmal etwas in den Händen hält, das für mich auf die

Schnelle aussieht wie ein Briefumschlag. Es kann aber natürlich auch etwas anderes gewesen sein. Ein zusammengefaltetes Stück Hefeteig zum Beispiel. Oder eine große Panzerotti-Nudel. Ja. Wäre theoretisch alles möglich.

Darauf möchte ich ausdrücklich hinweisen. Denn wer weiß, vielleicht wird dieses Buch bald von einem italienischen Staatsanwalt am Strand von Rimini gelesen. Oder ein Vertreter der »ehrenwerten Gesellschaft« legt seiner geliebten Mutter *Brot kann schimmeln – was kannst du?* unter den Weihnachtsbaum, im festen Glauben, es handele sich bei meinem Werk um wertvolle Haushaltstipps. Da möchte ich lieber nichts ausgeplaudert haben ...

Lektion 3: Die perfekte Temperatur
»Die Herren habe es ein wenig eilig. Bist du so weit?« Antonio steht wieder neben mir und schaut in den 600 Grad heißen Backofen. Sein wichtigstes Geheimnis, wie er mir anvertraut, ist: die Temperatur. »Alle anderen backen nur mit 450 Grad, ich leg noch mal etwas drauf«, sagt er stolz, als er mir zeigt, wie man die Pizza im Ofen drehen muss, damit sie nicht verbrennt. »Und nie länger als eine Minute bis eins dreißig, sonst hast du einen riesigen Kräcker.«

Das alles hatte ich berücksichtigt, als Antonio jetzt vor dem Ofen steht und hineinspäht. »Was ist das?«, sagt er entgeistert und dreht sich zu mir um. Ich spüre, wie sich der Stolz aus meinem Gesicht zurückzieht und meine Hände unter dem Mehl zu schwitzen beginnen. Er zieht die beiden Pizzen mit einem langen Schieber aus dem Ofen und verstummt. Für gefühlte zwei Stunden dreißig.

»Die sind ja viereckig!«, ruft er ungläubig.

Ich schaue auf die hübsch belegten Quadrate und denke: Mein Mathelehrer wäre verdammt stolz auf mich gewesen. Sag es aber nicht. Sage stattdessen lieber ein unverfängliches: »Findest du?«

»Ja! Ganz klar! Das sind Vierecke und keine Kreise, Jenke!«

»Mhm«, antworte ich, weil alles andere auch peinlich wäre. »Jetzt, wo du es sagst, sehe ich es auch«, räume ich kleinmütig ein. Ich könnte die viereckige Pizza jetzt als meine Form des stillen Protestes gegen die Mafia verkaufen, aber die Wahrheit sieht leider anders aus: Mir will es einfach nicht gelingen, den Teig rund auszurollen. Immer wieder zieht er sich zu einem Quadrat zusammen, und ich weiß nicht, warum. »Was sollen wir nun machen? Ich back schnell zwei neue«, versuche ich Antonio die Sorgenfalten auf der Stirn zu glätten.

»Um Gottes willen! Nein, nein. So viel Zeit haben die nicht. Bring ihnen die belegten Quadrate. Und sag ihnen, du hättest sie gemacht. Ist ja auch so. Dann wird das schon in Ordnung gehen. Ich warte so lange hier.« Er hält mir die beiden runden Teller mit den knisternden Vierecken hin und gibt mir einen Schubs. »Mach schon, bevor sie auch noch kalt werden.«

So in etwa muss sich der Gang zur Guillotine angefühlt haben oder die letzten Meter zum Schafott, auf denen der zum Tode Verurteilte die brennenden Holzscheite schon riechen konnte, denke ich und stelle den kleinen Herren mit ihren großen Sonnenbrillen je einen Teller vor die Nase. Dabei blicke ich ihnen entschlossen in die Augen. Also vielmehr auf die dunklen Brillengläser. Ich kann mir mein Grinsen nicht verkneifen, denn die beiden erinnern mich mit ihren Brillen irgendwie an Stubenfliegen. Sie lächeln freundlich zurück, senken dann ihren Blick auf die Teller und halten inne. Ohne jede Emotion. Das Lächeln ist auf einmal wie weggewischt, und ihre Augen sind plötzlich so kalt wie meine Tiefkühlpizza zu Hause. Dann schauen sie mich an. Und langsam breitet sich wieder ein Lächeln auf ihren Gesichtern aus.

»Das sieht aber hübsch aus«, sagen sie mit neapolitanischem Akzent. Oder so etwas in der Art. Glaube ich jedenfalls. Antonio, die feige Socke, ist ja nicht da und kann nicht übersetzen.

Ich warte, bis sie anfangen zu essen, schließlich will ich nicht von hinten erstochen werden. Sie greifen zum Besteck, wissen aber nicht so recht, wo sie anschneiden sollen. Die Form irritiert sie. Schließlich teilt der eine das Quadrat in zwei Rechtecke und die dann noch mal in zwei Quadrate. Aha, noch so ein Mathefan, denke ich. Der hat sogar noch einen Symmetriefetisch. Der andere tut es ihm nach, beeindruckt von der Problemlösung seines Partners. Und endlich beißen sie zu. Erst zaghaft, dann entschlossen.

»*Molto bene*«, sagt da die eine Fliege und »*Si bene!*«, die andere.

Der Stolz kehrt zurück in mein Gesicht, und ich mache mich auf den Weg, Antonio von meinem Erfolg zu berichten.

»Ich glaube, die beiden Herren sind begeistert. Du solltest darüber nachdenken, die Vierecke auf deine Speisekarte zu setzen.«

Antonio verschluckt sich fast bei diesem Gedanken und schaut mich mit zusammengekniffenen Augen an. »Ich werde darüber nachdenken. Im nächsten Leben.«

EIN GANZER KERL DANK JENKE

Hundefrisör – Düsseldorf, Deutschland

3000 Euro für eine Hundeleine? Sie machen Witze!«
Doch meine Chefin sieht nicht aus wie eine Frau,
die während der Arbeitszeit Witze macht, und so legt
sie das grüne Hundehalsband mit den Edelsteinen
und der dazugehörenden Leine wieder in die abschließ-
bare Glasvitrine.

»Wieso? Es gibt Hundebesitzer, die lieben ihr Tier
mehr als die eigene Ehefrau. Und das lassen sie sich
gerne etwas kosten. Ich habe auch exklusive Hunde-
düfte, wenn Sie das interessiert«, fügt sie hinzu. Die
blonde Dame, die heute meine Chefin ist, bekäme
sicher in jeder Boutique auf der Düsseldorfer KÖ sofort einen Job angeboten. Nicht nur, weil sie auffal-
lend schick gekleidet ist, selbst hier unterm Kittel im
Hundesalon, sondern wegen ihrer erhabenen Art.
Schon wenn sie nur »Guten Tag« sagt, hat man das
Gefühl, mit diesen Worten etwas ganz Besonderes zu
bekommen. Sie schafft es sicher locker, dem nächst-
besten Kunden eine Hundeleine für 3000 Euro anzudrehen, denke ich so für mich und nehme den
riesigen Kristallflakon entgegen, den sie mir ganz
selbstverständlich hinhält.

»Ein ganz besonderer Duft für ein ganz besonderes Tier«, sagt sie. Ob man diese Art von Sprüchen

mit dieser Art von Produkten gleich mitgeliefert bekommt?

»Lassen Sie mich raten: 200 Euro die Flasche?«, frage ich in einem beiläufigen Ton. Kopfschütteln. Pause.

»Nein, dafür bekommen Sie sie nicht. Da müssen Sie den gleichen Betrag noch mal drauflegen«, informiert sie mich.

»*Ding-Dong*«, die Ladentür öffnet sich, und ein großer Airedale-Terrier mit einer freundlich blickenden Frau daran betritt den Hundesalon. Stolz und mit erhobenem Kopf. Man spürte sofort, dass dieser mir bis zur Hüfte reichende, braun gelockte Kerl eine ordentliche Schulbildung genossen hat, in allerfeinsten Kreisen verkehrt und seine Haufen – wenn überhaupt – nur auf dem riesigen Privatbesitz, dezent hinter dem Kirschlorbeer, absetzt. Was ich in diesem Moment noch nicht wissen kann – er ist auch noch stinkreich, viele Millionen Euro schwer.

Hundefrisör für einen Tag sein zu dürfen macht großen Spaß. Und die meisten meiner Hundekunden sind ausgesprochen freundlich. Von der schüchternen Königspudeldame über den geschwätzigen Bobtailmischling bis hin zur arroganten Windhunddame mit ihrer übertrieben schlanken Taille, die so betont dünn daherhopst, dass man sie für anorektisch halten könnte. Alle sind aus gutem Hause, denn ich bin bei einem Promi-Hunde-Frisör gelandet. Und da kommt nicht jede Töle rein. Auch wenn der eine oder andere Gassenstruppi schon mal neugierig vor dem Schaufenster steht, reinschielt und sich denkt: Wenn ich eines Tages im Hundelotto gewinne, gehe ich da mit hocherhobener Schnauze rein und lass mich einen ganzen Tag lang verwöhnen. Mit allem Drum und

Dran. Wuff! Dann klappt er sein Schwänzchen wieder ein und zieht mit gesenktem Kopf weiter, die staubige Straße entlang. Ja, der Besuch beim Promi-*Groomer*, so die offizielle Berufsbezeichnung, ist verdammt teuer und bleibt für die meisten Straßenstruppis ein Traum. Bis zu 200 Euro kostet hier Waschen, Legen, Föhnen. Und genau in dieser Reihenfolge ziehe ich von Hund zu Hund und denke die ganze Zeit, so ausgiebig werde ich bei meinem Frisör nie betüddelt.

»Wollen Sie sich jetzt ein bisschen um Madame kümmern?«, lächelt mich meine Chefin mit weit geöffneten Augen an, und ich denke kurz: Wie meint sie das denn jetzt? Und wer ist Madame? Sich selbst wird sie ja wohl nicht meinen, und ansonsten ist niemand im Geschäft. Bis auf die andere Auszubildende, die gerade einen viel zu kleinen Hund mit einer viel zu großen Portion »Tränenfrei-Shampoo« einreibt. Die Auszubildende ist über vierzig, sieht aber fast doppelt so alt aus und wurde wahrscheinlich tragischerweise schon als 13-Jährige mit der eigenen Mutter verwechselt. Zudem scheint sie mir behaarter als mancher Hund hier. Nein, sie ist nun echt keine Madame und kann somit nicht gemeint sein. Bleibt also nur … wer? Die Airedaledame aus gutem Haus? Ich blicke sie fragend an: »Madame?«

»Darf ich vorstellen: Madame Oetker – Jenke von Wilmsdorff«, zeigt die Chefin abwechselnd auf den Hund und mich.

»Sie heißt wirklich Madame?«

Die Chefin nickt.

»Und sie ist eine echte Oetker-Erbin?«

Die Chefin nickt einen Millimeter weit, und ich glaube sogar einen Hauch von Stolz in ihren Augen zu entdecken.

»Und ich darf mich um diesen, eh, edlen Spross kümmern? Was ist, wenn ich etwas falsch mache, und die verklagen uns auf Schadenersatz in Millionenhöhe? Was ist, wenn ich das Badewasser zu heiß mache, und Madame beschwert sich, sobald sie wieder zu Hause ist? Dann sind wir beide ruiniert, Sie und ich!«

Ich bin normalerweise echt nicht zimperlich und ängstlich schon gar nicht, aber hier kniet nicht irgend-

Madame aus dem Hause Dr. Oetker

ein Hund vor mir, sondern das Mitglied einer der wohlhabendsten und mächtigsten Familien Deutschlands. Ich frage mich sowieso die ganze Zeit, warum hier kein Bodyguard rumläuft, um ein Auge auf Madame zu werfen. Ich meine, gerade die Familie hat da ja so ihre Erfahrungen gemacht, oder? Wenigstens einen Kampfhund, unauffällig gekleidet und dezent aus dem Hintergrund observierend, hätte ich als Personen-, eh, Hundeschutz erwartet. Aber nichts da. Madame hockt hier, wie Ursula, Heidi, Michelle und die anderen Hunde auch.

»Keine Extrawurst, für niemanden«, sagt die Chefin und drückt mir Madames Leine in die Hand. Apropos Extrawurst.

»Bei Madame wird es heute länger dauern. Da ist es besser, wenn sie vorher noch mal Gassi geht.«

Das wird ja immer doller. Jetzt schickt sie mich auch noch mit dem Million-Dollar-Baby auf die Straße, in die Öffentlichkeit, dorthin, wo überall das Böse lauert.

»Nur eine Runde über den Parkplatz hinter dem Haus«, sagt sie bestimmt, hält die Ladentür auf und zeigt mir die Richtung. Bei mir gehen alle Alarmglocken los. Parkplatz? Weiß sie denn gar nichts? Hat sie damals auf dem Mond Hunde frisiert? Auch Richard Oetker, das bekannteste deutsche Entführungsopfer, wurde seinerzeit auf einem Parkplatz entführt und erst gegen das bis dato höchste Lösegeld von 21 Millionen D-Mark wieder freigelassen. Und da schickt sie mich jetzt hin. Auf den Präsentierteller!

Ich habe keine Angst um mich, verstehen Sie mich bitte nicht falsch. Ich habe Angst um Madame. Wie soll ich denn bitte 21 Millionen D-Mark lockermachen? Mal abgesehen davon, dass es die Währung schon gar nicht mehr gibt. So einen hohen Dispo krieg ich bei meiner Bank doch niemals, Fernsehheini hin oder her.

Führen Sie sich bitte jetzt das Bild vor Augen, das Sie sehen, wenn irgendein Promi mit Bodyguard unterwegs ist. Und jetzt konzentrieren Sie sich nur auf den Bodyguard. Haben Sie es? Okay, wie steht der immer da und scannt betont lässig die Umgebung ab? Genau so stehe ich auf dem Düsseldorfer Parkplatz und lasse keinen Millimeter des Grundstücks unbeobachtet, während sich Madame ladylike hinter den Roten Ahorn zurückzieht, um ihren geschäftlichen Verpflichtungen nachzukommen.

Ein irritierter Blick. Von ihr.

»Ja, ist ja gut – ich schau schon weg. Muss ich ja eh, damit dich hier niemand kidnappt. Hast du wenigstens eine Ahnung, was ich hier gerade für dich riskiere!«

Madame schaut mich an wie ein kleines Kind, das auf dem Pott sitzt und »Fertig!« ruft. Da muss ich jetzt aber mal gucken, ob da ein Unterschied zu sehen ist. Oh ja, so einen schicken Hundehaufen habe ich lange nicht gesehen. Ein dezenter Kringel im Mahagoni-Look, weitere Details erspare ich Ihnen. Den könnte ich eigentlich bei eBay reinsetzen, als Promikringel – aus dem Hause Dr. Oetker. Oder geht meine Phantasie jetzt mit mir durch?

»Wer ist denn der komische Typ da drüben, Madame, und was glotzt der so? Kennst du den?«

Madame schüttelt den Kopf.

»Dem trau ich nicht, der hat doch was vor.« Langsam kommt die obskure Gestalt auf mich zu, hat irgendetwas in der Hand, was ich auf die Entfernung nicht erkennen kann. »Das wird doch keine Knarre sein?«

Madame schüttelt den Kopf. Er kommt immer näher, und ich gehe schnell im Geiste meinen Taekwondo-Kurs von vor 20 Jahren durch. Wie war das noch mal? Erst in die Hoden treten und dann auf die Halsschlagader hauen oder umgekehrt?

Madame schaut nachdenklich und zieht die Schultern hoch.

»Ich könnte ihn mit der Leine strangulieren.«

Madame schüttelt mit dem Kopf.

»Ja, hast du 'ne bessere Idee? Du musst die 21 Millionen ja nicht aufbringen!« Madame wendet sich von mir ab, streckt mir ihren Hintern hin. Aber ich habe keine Zeit, das jetzt zu interpretieren, hier muss blitzschnell gehandelt werden. Doch bevor ich etwas sagen kann wie: »Hau bloß ab!« oder: »Fass ja nicht den Hund an!« oder »Erst musst du mit mir fertig werden!«, erkundigt sich der elegante Herr im dunklen Mantel, ob ich zu dem Hundesalon gehören würde. Er habe seinen Irish Setter im Wagen sitzen und wolle nur fragen, ob er sich erst anmelden muss oder ob er gleich mit dem Tier den Salon betreten könne. Ich schicke den eleganten Herrn mit seinem noch eleganteren Irish Setter in den Laden und gebe der Leine mit Madame einen leichten Ruck. Nichts tut sich. »Los, komm! Brauchst keine Angst mehr zu haben. Jetzt wirst du fein gemacht.« Madame rührt sich keinen Millimeter von der Stelle und schaut mir direkt in die Augen. Aber mit so einem komischen Gesichtsausdruck. So als würde sie sich über mich ... »Sag mal, lachst du?«

Madame schüttelt den Kopf.

»Klar lachst du, das sehe ich doch!«

Madame schüttelt wieder den Kopf, diesmal aber viel schwächer als zuvor. Zudem zuckt sie jetzt noch mit der Nase.

»Ich hatte Angst um dich, Frau Oetker!«

Madame zieht eine Augenbraue hoch, schüttelt ein letztes Mal das stolze Haupt und tippelt langsam zurück in den Hundesalon.

Und ich schwöre bis heute, dass ich kurz in ihren Gedanken lesen konnte: »Tsss ... Menschen!«

BRIGHT LIGHT CITY GONNA SET MY SOUL GONNA SET MY SOUL ON FIRE (ELVIS – »VIVA LAS VEGAS«)

Glühbirnenwechsler – Las Vegas, USA

Hand aufs Herz!

Haben Sie bei sich zu Hause wirklich alle Glühbirnen gegen Energiesparlampen ausgetauscht? Keine einzige dieser hässlichen Lampen habe ich bei mir eingeschraubt. Werde ich auch nicht, solange es nicht unter Strafe gestellt wird. Ja, ich weiß: »Aber aus ökologischer Sicht?«

Und deswegen soll ich jeden Abend ins grün-bläuliche Gesicht meiner Freundin schauen, um sie zu fragen: »Ist dir schlecht, Schatz, oder hast du nur das Licht angemacht?« Bleibt mir weg damit. Ich horte die gute alte Glühbirne, freue mich über jeden Vorrat, den ich in Geschäften entdecke, wie ein kleiner Junge, der auf der Straße einen Euro findet. Man könnte mich mittlerweile als so eine Art Dealer bezeichnen, denn ich habe sie alle: Kerzenlampen, Kolbenlampen, Tropfenlampen … In fast jeder Wattstärke.

Und jetzt aufgepasst, ihr Glühbirnen-Sympathisanten! Gibt es einen Ort auf der Welt, an dem mehr Birnchen leuchten als Las Vegas? Die genaue Anzahl lässt

sich nur noch schätzen. Aber ich habe eine Firma entdeckt, die jeden Monat rund 100 000 Glühbirnen aus-
wechselt und damit schon angefangen hat, als Elvis
und Frank Sinatra noch jeden Abend in Las Vegas auf-
traten. Und schon habe ich einen neuen Beruf gefunden, den es zu erlernen gilt. Einen wirklich schrägen
Beruf: Jenke als Glühbirnenwechsler im weltgrößten
Spielerparadies.

Las Vegas kann man nicht beschreiben, man muss
es spüren, hören, schmecken, durchlatschen. Und
doch stellt sich die Frage: Ist das überhaupt eine Stadt,
oder ist das alles nur der böse Verlauf eines halluzino-
genen Drogentrips? Es gibt nichts Vergleichbares auf
der Welt, nichts Bunteres, Helleres, Blinkenderes als
das ewig piepende und klingelnde Spielermekka in
der lebensfeindlichen Wüste Nevadas. In der übrigens
auch der eine oder andere Spieler verbuddelt liegt,
der seine Schulden nicht mehr bezahlen konnte. Oder

wollte, verrät mir Garry, der aussieht, als würde er seit Jahren unter der Sonnenbank pennen.

Ob Glühbirnen, Neonröhren, Leuchtdioden oder leuchtende Faserkabel: Garry hat alles auf Lager in tausendfacher Menge. Herrlich!

Garrys Alter ist schwer zu schätzen. Seine Haare sind ausgeblichen, sein Gesicht gegerbt von der unbarmherzigen Sonne Nevadas, einem der heißesten Orte der Welt. Garry steht den ganzen Tag im Auslegerkorb seines Lkw, ausgefahren bis zu 40 Meter hoch über der Stadt, und schraubt dort die kaputten Glühbirnen aus den Leuchtreklamen der großen Kasinos. Sieht leicht aus, wenn man nicht mit Höhenangst zu kämpfen hat. Habe ich zum Glück nicht, und so packe ich beherzt in den nur noch teilweise leuchtenden Schriftzug eines der ältesten Hotelkasinos in Las Vegas, dem Riviera, und versuche die defekte Birne rauszuschrauben. Es zischt und flackert, und schnell zieht Garry meine Hand aus dem unerwartet unter Strom stehenden Kasten.

»Scheiße, da liegt irgendwo ein Kurzschluss! Du hast Glück gehabt, dass du nicht das Metall berührt hast, das hätte verdammt wehgetan. Falls du nicht gleich einen Herzstillstand bekommen hättest. Die Anlage hier hat ordentlich Kawumm.« *Kawumm* hat er natürlich nicht gesagt, aber irgendeine Las Vegaserianische Redewendung, die in keinem Wörterbuch steht und einfach Kawumm heißen muss.

Klassische Frage an Männer dieser Berufssparte: »Wie oft hast du schon einen Stromschlag bekommen?«

»Habe aufgehört zu zählen. Wenn ich mal einen Tag lang keinen Stromschlag bekomme, stimmt etwas nicht.«

Na, mit so einem Experten arbeite ich doch gern. Einem, der einfach ins Kabelchaos greift nach dem Prinzip *multiple choice*. Oder noch viel besser: mich greifen lässt. Von nun an bin ich sehr wachsam und packe nur noch mit an, wenn Garry sich seiner Sache ganz sicher ist.

»Wo hast du denn deinen Spannungsprüfer?«, wundere ich mich, als Garry mal wieder mit einem nicht isolierten uralten Schraubenzieher im Stromchaos stochert, dass es Funken sprüht.

»Unten im Auto. Irgendwo muss da einer rumliegen. Brauche ich aber nicht. Geht auch so. Muss ja nur wissen, wo der Strom fließt, und nicht, wie viel.«

Jo, auch 'ne Logik, denke ich, und wohl der Grund, warum ihn seine Kollegen »Mister Electric Shock« nennen. Seine über tausend Stromschläge haben ihn zum Helden einer Stadt gemacht, die ohne Strom gar nicht mehr kann. Würde der in Las Vegas nämlich ausfallen, entstünde ein Schaden von einer halben Milliarde Dollar. Und zwar täglich. Ohne Strom keine Glücksspiele, keine Shows, keine Kühlung und kein Wasser – denn Las Vegas liegt mitten in der Wüste.

Dabei fällt mir ein, wie ich vor Jahren durchs Kinderzimmer meines Sohnes geflogen bin, als ich beim Staubsaugen erst versehentlich die Glühbirne zerschmetterte und dann versuchte, mit einer Kneifzange die zersplitterte Fassung herauszudrehen. Ich stand dabei auf einem Hocker und hatte, faul, wie ich nun mal bin, die Sicherung natürlich nicht vorher herausgedreht. Mein damals vierjähriger Sohn stand mit seinem Schmusetuch daneben, als es knallte, ich einen Stromschlag bekam und vor Schreck weit vom Hocker fiel. Mein Sohn muss damals gedacht haben: Cool,

Papa kann fliegen! Papa muss ein Power Ranger sein! Jedenfalls stammelte er noch Wochen später: »Los, Papa, flieg noch mal!«

Wieder zischt und funkt es, wieder lässt sich erahnen, wie lebensgefährlich Strom ist, wenn er seine eigenen Wege geht. Doch diesmal erschreckt sich selbst Garry so sehr, dass er zusammenzuckt und der Korb, in dem wir beide stehen, wackelt und etwa einen Meter tief absackt.

»Der ist nur für eine Person ausgelegt. Ich glaube, wir sind zu schwer«, lacht Garry und fährt den Korb etwa fünf Meter tiefer. Immer noch gähnen 35 Meter Luft wie ein offener Schlund unter uns. Von 40 auf 35 Meter, macht das einen Unterschied, wenn wir aus dem Korb fallen oder der Lkw mit uns umkippt? Nee! Womit wir bei der nächsten Frage wären:

»Ist schon mal einer deiner Kollegen aus dem Korb gefallen oder mit dem Lkw umgekippt?«, will ich wissen, während mir mein Kopfkino gerade die passenden Bilder dazu liefert.

»Ja, ist erst ein paar Wochen her, aber zum Glück nicht in unserer Firma. Der Wind war zu stark, der Lkw falsch austariert. Armer Kerl. Wenigstens ging es schnell!«

Schluck. Und wo versteckt Garry da gerade sein Mitleid? Ich kann es nirgendwo entdecken. Garry bleibt gelassen. Zu viele Jahre schon ist er in diesem Geschäft, zu viele Geschichten hat er schon gehört oder selbst erlebt, zu viele Stromschläge sind ihm in all den Jahren zuckend durch den Körper gefahren. Garry beeindruckt man nicht mehr so schnell. Auch sein Vater stand übrigens täglich im Korb, um Leuchtreklamen zu installieren und zu reparieren. Doch auch er war nicht der Erste. Garrys Großvater hat die Tradition in die Familie eingeschleppt. Eigentlich hatte der Senior ein ganz anderes Ziel vor Augen und wollte nur durch die Stadt reiten, um sich und seinem Pferd eine Pause zu gönnen. Er blieb über Nacht in Las Vegas und erzählte abends bierselig an der Theke, dass er Glasbläser sei. Ein sehr gefragter Beruf zu der damaligen Zeit in dieser Region. Ähnlich stark gefragt wie ein IT-Spezialist aus Indien bei uns heutzutage. Den Rest können Sie sich denken. Er kam, blieb und schraubte. Und reichte den Beruf des Glühbirnenwechslers weiter bis zu Garry. Der ist mittlerweile auch schon 47 Jahre alt und nimmt seit Neuestem immer wieder seinen kleinen Sohn mit in den Korb, um ihm die leuchtende Stadt von oben zu zeigen. Ja, ja, ist klar. »Der schönen Aussicht wegen.« Anfixen nennt man das bei uns. Ein erstes Interesse für den Beruf beim Sohnemann säen, lächle ich Garry entgegen, als sich unser Korb erneut

ruckelnd in die Höhe schraubt und mir das Lachen wieder vergeht.

Wir stehen vor dem riesigen Leuchtkasten des Kasino Rio. Hier werden nicht nur die Pokerweltmeisterschaften ausgetragen, hier treten momentan auch die Halbnackttänzer *Chippendales* auf, und die zehn Mal zehn Meter große Leuchtreklame soll dafür Werbung machen.

Garry mag diesen Auftrag nicht, denn wir müssen in den Leuchtkasten klettern, um ihn von innen zu warten. Erst vor einer Woche ist er in diesem Kasten ohnmächtig geworden. Nicht weil er sich seinen täglichen Stromschlag abgeholt hatte, sondern weil es ein besonders heißer Tag in Las Vegas war. Im Kasten und draußen auch. Zusammen ergab das eine Temperatur von etwa 90 Grad, und die knüppelte Garry nach wenigen Minuten erst das Bewusstsein und dann die Beine weg. Garry lacht, ich lache. Aber ich glaube, wir lachen über völlig unterschiedliche Geschichten. Und außerdem schaut er mir die ganze Zeit so merkwürdig auf die Schirmmütze, die er mir gegeben hatte und auf der der Name seiner Firma leuchtet.

»Tragt ihr die Kappen wirklich so in Deutschland?«, schaut er mich irritiert an.

Er spricht damit einen wunden Punkt an, denn in der Tat fühle ich mich auch nicht besonders wohl in meiner heutigen Arbeitskleidung: ein viel zu großes und dazu hässlich rotes T-Shirt, eine Latzhose und die blöde klobige, ebenfalls rote Kappe auf dem Kopf. Aber dass ich so dämlich aussehe, dass selbst Garry mich darauf anspricht, war mir nicht bewusst.

»Was soll ich denn machen, Garry? Wenn du so rumläufst, muss ich den Kram doch auch anhaben!«

»Ja, ja, ist klar, aber warum trägst du die Kappe so bescheuert? Ich dachte am Anfang, du machst nur einen Witz, willst lustig aussehen. Aber du meinst das ernst, oder?«

Ich habe keine Ahnung, wovon er spricht. Ich ziehe die kantige Baseballkappe vom Kopf und sehe sie mir genauer an.

»Ja, die ist hässlich, aber solche Kappen haben mir noch nie gut gestanden. Ich hab einfach kein Mützengesicht.«

Garry nimmt sie mir aus der Hand, dreht sie um und zieht einen breiten, steifen Pappstreifen aus dem Futter heraus.

»Hast du sie schon mal ohne Pappe probiert? Das ist wie bei einem neuen Hemd. Da nimmst du auch die Pappe aus dem Kragen, oder lässt du die auch drin?«

Er knautscht die Mütze noch etwas zusammen, rückt sie mir auf dem Kopf passend zurecht, und schon sehe ich nicht mehr aus wie der debile Milchmann aus dem amerikanischen Spielfilm.

»Sorry, aber ich dachte, du wüsstest das!«, entschuldigt er sich und verschwindet mit einem neuen Lachanfall im Leuchtkasten mit den nackten Jungs drauf.

»Hattest du heute eigentlich schon deinen obligatorischen Stromschlag, Garry?«

»Nein, mein Junge, und das macht mir gerade große Sorgen«, hallt es aus dem Kasten.

KINDER KÖNNEN GRAUSAM SEIN

Freizeitparkmaskottchen – Sauerland, Deutschland

Sie sind doch Funny Fuchs! Ich hab Sie gestern im Fernsehen gesehen!« Der jungen Frau am anderen Ende der Leitung droht vor lauter Lachen der Hörer aus der Hand zu rutschen. Sie kriegt sich gar nicht mehr ein und erzählt mir minutiös die Szenen nach, die ihr am besten gefallen haben.

»Ja, ich bin Funny Fuchs«, zugegeben, das klingt nicht halb so cool wie: »Ja, ich bin James Bond«, aber immerhin bringt es die Pressesprecherin einer deutschen Fluggesellschaft zum Lachen. Ich habe sie angerufen, weil ich mich als Flugbegleiter für einen Tag bewerben will. Kaum habe ich mein Anliegen vorgebracht, fängt sie wieder an zu lachen und prustet: »Im Fuchskostüm, oder wie?« Ich möchte die Geschichte hier abkürzen. Ich wurde Flugbegleiter bei einer anderen Airline, und sie lacht heute noch, wenn wir darüber sprechen. Sie ist inzwischen meine zauberhafte Verlobte. Gar nicht schlecht gelaufen, die Nummer mit dem Fuchskostüm. Dabei hatte ich anfangs wirklich Bedenken. Nicht davor, mich zum Klops zu machen – das macht mir oft sogar Spaß –, ich hatte die Befürchtung, die Rolle des Freizeitparkmaskottchens Funny Fuchs nicht mehr loszuwerden. So wie

Jahre später meine Rolle als Schlagersänger Rico Diamond.

An einem frühen Sommertag mutiere ich von Jenke zu Funny Fuchs. Dazu muss ich in ein viel zu großes Polyesterfell steigen und meine Füße in etwa ein Meter lange, am Kostüm festgenähte Fuchstatzen stecken. Nicht genug, dass dieser blöde Fuchs eine dämliche Latzhose trägt, er ist erst komplett mit einem gigantisch großen Fuchskopf, rund wie ein gewaltiger Kürbis. Und auch so schwer. Ich verabschiede mich wie ein Astronaut von der Außenwelt und ziehe mir das Monstrum über. Meine Sicht ist plötzlich reduziert auf eine kleine Aussparung im Fuchsmaul, denn da, wo Füchse sonst Augen haben, hat Funny nur aufgemalte Glubschis. Und auch die großen Fellohren sind nur Attrappen. Der wenige Sauerstoff, der überhaupt den Weg zu meinem Gesicht findet, wird von einem kleinen Ventilator verteilt, damit ich und die armen

Funny Fuchs

Studenten, die sonst in diesem Kostüm arbeiten, nicht ohnmächtig werden vor Hitze. So weit, so schlecht, aber das ist erst der Anfang, denn man muss diesen Fuchskörper ja auch noch bewegen und mit ihm und in ihm durch den ganzen Freizeitpark latschen, um die vielen Kinder glücklich zu machen. Das ist ungefähr so schwierig, wie in einem Raumanzug über die sauerstofflose Mondoberfläche zu tapsen. Damit ich nicht ständig an irgendeine Wand knalle und dort kleben bleibe wie ein Schmetterling an der Windschutzscheibe, führt mich ein junger Mann übers Gelände, so wie Simone Rethel dereinst ihren Joopi Heesters.

»Kommen Sie, wir gehen mal zum Eingang. Der Park macht gleich auf. Da können Sie dann die Besucher begrüßen, das ist immer ein sehr beliebter Programmpunkt und ein großer Spaß!«

»Für wen?«, will ich wissen, nachdem ich gerade mit dem Knie gegen einen unbekannten, weil für mich unsichtbaren steinharten Gegenstand gelaufen bin und der Schmerz zu mir unters Kostüm kriecht. Ich würde mir gerne das Knie halten, brauche aber beide Hände dafür, den riesigen Kopf zu stützen, damit er nicht vornüberfällt.

»Wir müssen uns ein bisschen beeilen. In zwei Minuten öffnen sie die Tore. Und dann sollten wir dastehen«, drängt der junge Mann an meiner Seite. Offensichtlich war *er* noch nie auf dem Mond.

»Könnten Sie ein wenig auf die Hindernisse achten? Gerne auch im Kniebereich!«, bitte ich den Drängler. »Ich sehe ja nichts.« Während das Echo meiner Worte durch den Fuchskopf hallt, wie ein Squashball von Wand zu Wand springt, scheint er meine Bitte gar nicht gehört zu haben, denn ich spüre, wie mich seine Hand noch stärker voranschiebt, damit wir auch ja pünktlich sind. Ich schwitze, ich atme schwer, mein Knie tut unendlich weh, und ich habe schon jetzt keinen Bock mehr, aber wenigstens bin ich pünktlich am Haupteingang, dessen große Tore sich sofort nach meinem Eintreffen öffnen und die ersten Menschenströme einlassen. Und die stürmen geradewegs auf mich zu, was ich vor allem daran merke, dass mein ganzes Fuchskostüm schwankt. Irgendetwas zieht mich nach hinten, und ich höre die Stimme eines Begleiters amüsiert rufen: »Nicht am Schwanz ziehen, Kinder, sonst fällt er noch um!«

Ich kippe den Riesenschädel nach hinten, um die frechen Kröten durch den Mundschlitz besser sehen zu können. Doch vorne stehen immer nur die lieben Kinder, die bösen lauern hinten. Wie im richtigen Leben. Hätte ich mir eigentlich auch denken können.

»Arschloch«, höre ich aus einem Kindermund, den ich zu seinem Glück nicht identifizieren kann, weil mir der Schweiß direkt in die Augen tropft. Ich stehe keine zwei Minuten da, und schon werde ich beleidigt? Und das für sechs Euro die Stunde? In meiner persönlichen Hitparade der beschissensten Berufe rutscht Funny Fuchs damit auf Platz eins. Nachdem ich hundert Hände geschüttelt habe, für unzählige Fotos posiert und den einen oder anderen Tritt in den Hintern bekommen habe, führt mich mein Kontakt zur Außenwelt vom Eingang weg:

»So, das hat doch jetzt Spaß gemacht, oder? Toll, wenn Kinderaugen so glänzen vor Freude. Jetzt gehen wir zur Wasserbahn.« Der Kerl fängt an, mir gewaltig auf den Keks zu gehen. Steht der unter Drogen, oder wird er einfach für blöde Sprüche bezahlt?

Auf einer Wasserbahn herunterzurasen macht Spaß. Wenn einem die Luft wegbleibt, die Gischt ins Gesicht sprüht und man sich gemeinsam in der Gruppe darüber kaputtlacht. Aber was glauben Sie, wie es sich anfühlt, wenn man allein im Wagen sitzt und alle anderen brüllend vor Lachen zuschauen. Wenn man entweder sich oder seinen Körper festhalten kann. Nur einen von beiden! Und wenn man dabei nichts sieht. Weder den steilen Abhang noch das bremsende Wasser. Na, was glauben Sie? Na? ... Malen Sie sich das ruhig in aller Ruhe aus ... Ja, ja, denken Sie drauf rum ... Führen Sie sich die Bilder vor Augen ... Das ist lustig, ne? Jahaaa ... aber nur für die anderen, verdammt noch mal! Das ist nicht lustig, das ist erniedrigend. Da wird der Fuchs zum Crash-Test-Dummy gemacht. Da knallt's, und da fliegt einem die Schwerkraft in den Kunstpelz. Man kann es perfekt mit nur drei Buchstaben ausdrücken: AUA!

Ich bin also nass wie ein begossener Pudel, und mir ist schwindelig, als mich der Katalogspruch meines Hirten zurück in die nicht alltägliche Wirklichkeit holt: »Das sah super aus. Echt lustig!« Jaha! Was meinst du, wie lustig das aussähe, wenn du da runterdonnern würdest. Aber ohne Wagen, denke ich, lasse mich aber geduldig zur Trockenschleuder führen.

»Sinn und Zweck und eigentliche Aufgabe von Funny Fuchs ist ja, den Besuchern Appetit auf die einzelnen Attraktionen zu machen. Damit jeder sehen kann, wie viel Spaß das macht.« Mhm. Ist klar. Du mich auch, denke ich, sag es aber nicht und steige in eine für mich viel zu kleine Gondel, die so aussieht, als könne sie sich um alle Achsen der internationalen Physik drehen. Das Scheißding schüttelt mir jeden einzelnen Wassertropfen aus dem Fell. Bei so viel Zentrifugalkraft gibt sogar mein Fuchskopf-Ventilator auf, nachdem er zum Abschied noch ein letztes:

»Sieh zu, wie du damit selber fertig wirst. Ich bin (r)aus!« krächzt.

Ich auch, denke ich und steige aus dem Kostüm in die Mittagspause. Vom Anblick der Sonne bin ich geblendet wie ein Minenarbeiter aus Chile. Ich sitze etwas abseits der Besucherströme, um ein paar Minuten Ruhe zu haben, während ich mich selbst wiederbelebe. Was für ein Job, denke ich und sage es diesmal auch.

»Nicht schlecht, oder? Man hat den ganzen Tag Spaß und wird dafür auch noch bezahlt«, pflichtet mir mein Helfer grinsend bei.

Dem haben sie als Kind doch etwas in den Pudding geschüttet!, will ich gerade sagen, als zwei kleine Mädchen vor mir stehen. »Bist du Funny Fuchs?«

»Mhm«, nicke ich.

»Was muss man denn machen, um das zu werden?«, will die Rothaarige von den beiden mit weit aufgerissenen Augen wissen.

Nach der Hauptschule abgehen und bloß nicht weiterlernen!, hätte ich am liebsten geschrien, bringe es aber nicht übers Herz.

»Werde lieber etwas anderes, mein Engel. Du kannst ja Funny Fuchs immer besuchen kommen. Glaub mir, das ist viel lustiger.« Jenke als Pädagoge. Ich habe mich gerade selbst überzeugt. Trotzdem, das war nicht das, was die beiden Kinder hören wollten. Enttäuscht ziehen sie ab, während ich wieder meine Persönlichkeit wechsle und im Fuchs verschwinde.

»Und jetzt?«, brumme ich in Richtung meines Folterers.

»Haha. Jetzt kommt das Highlight. Funny Fuchs auf der Achterbahn! Das wird ein Spaß!«

Man sieht sich immer zweimal im Leben, fährt es mir durch den Kopf, als ich meinem Maskottchenführer und der Pressefrau vom Freizeitpark zum Abschied die Hände schüttele. Zaghaft und sehr kontrolliert, denn ich habe mir zwischenzeitlich einen Wirbel verrenkt. Auf der Achterbahn. Als ich meinen Kürbiskopf halten musste und die Kurve vor dem tiefen Abgrund nicht sehen konnte. Knacks. Das war ein Spaß! Jaha ...

DIE KRAFT DER GEDANKEN

Hochseilartist – Freiburg i. Breisgau, Deutschland

Da steh ich nun in meiner zweiten Haut und frage mich: Stimmt es wirklich, dass sich Artisten, Balletttänzer und all die anderen männlichen Träger hautenger Kleidung eine Socke, eine Hasenpfote oder gleich ein ganzes Meerschweinchen in den Schritt stopfen? Und so tun, als hätte es die Natur besonders verschwenderisch mit ihnen gemeint? Und ist das auch ein Grund, warum die Frauenquote unter den Zirkus- und Ballettbesuchern so überdurchschnittlich hoch ist? Sehr interessant, aber leider als erste Frage an meinen neuen Chef gänzlich ungeeignet, und so verschiebe ich sie auf später.

Johann Traber ist ein Weltstar unter den Hochseilartisten, eine Legende. Schon sein Vater stand auf dem Seil, und seit geraumer Zeit folgt auch sein Sohn Johann junior der Familientradition. In der Zeitung habe ich von seinem Sturz aus dreißig Meter Höhe, bei dem er fast das Leben verloren hätte, gelesen. Er wird in einer Spezialklinik behandelt, die Journalisten hat er aber bereits wissen lassen, dass er unbedingt zurück aufs Seil will. Vielleicht, weil Johann Traber junior der einzige Sohn ist und ohne ihn die Tage der

Das perfekte Kostüm ist die halbe Miete –
Trockenübung im Hotelzimmer

alten Familientradition gezählt wären. Vielleicht aber
auch, weil das Hochseil seine Welt ist.

Bei jedem Beruf, den ich ausübe, richte ich meinen
Blick auch immer auf die wirtschaftlichen Verhältnisse meiner Chefs. Wie gut können sie von dem, was
sie machen, leben? Klar residiert ein Müllmann oder
ein Kanalarbeiter nur selten in einer 400-Quadrat-

meter-Villa mit See- oder Alpenblick, aber beim selbst-
ständigen Kammerjäger wäre das schon keine allzu
große Überraschung mehr. Hans Klok, der Magier,
wird auch nicht bei LIDL einkaufen gehen müssen
und Gefahr laufen, dort den Funny-Fuchs-Darsteller
zu treffen. Und eine Legende unter den Hochseilartisten? Wie gut lebt die?

»Es geht gerade so. Aber reich sind wir nicht«, erklärt Johann Traber und bittet mich auf das Übungs-
seil, das er in seinem großen Garten gespannt hat. Er
wohnt in der Nähe von Freiburg, etwas außerhalb, in
einem großen, vernünftig eingerichteten Haus, mit
Dutzenden von Wohn- und Zirkuswagen auf dem Hof.

»Hier üben wir alle. Auch ich noch von Zeit zu Zeit«,
sagt er und lächelt unter seinem Schnauzer. Mühevoll
klettere ich aufs Seil, das in etwa einem Meter Höhe
über der Wiese gespannt ist, von einem Gerüst bis zum
zehn Meter entfernten Walnussbaum. Daneben steht
mein zehnjähriger Sohn und beobachtet jeden Schritt
von mir. Also die beiden, die mir gelingen, bevor ich
das Gleichgewicht verliere und vom Seil falle. Ich
dachte immer, ich hätte einen guten Gleichgewichts-
sinn, ja sogar ein Talent fürs Balancieren. Wieder eine
Illusion weniger. So ist das als Berufetester: Man lernt,
was man alles nicht kann, und auf dem Hochseil zu
spazieren gehört für mich offenbar dazu. Aber so
schnell gebe ich nicht auf. Und ich habe meine Vater-
ehre zu verteidigen, solange mein Sohn da mit großen
Augen unterm Walnussbaum steht und mir aufgeregt
zuschaut. Hoch konzentriert setze ich ein Ballettschläppchen vor das nächste und habe meine Atmung
vorsichtshalber gleich eingestellt. Bringt mich aber
auch nicht weiter. Zwei Meter, um genau zu sein.

»Versuch es mal mit der Stange hier, und fixier den

großen Walnussbaum«, rät mir der Hochseilmeister. Johann reicht mir die typische Balancierstange, die mehrere Meter lang ist und die ganze Sache für mich noch schwieriger macht.

»Die wiegt ja fast so viel wie mein kleiner Sohn da drüben!«

Ob mit oder ohne Stange, ich verbringe mehr Zeit auf dem Rasen als auf dem Seil. Ich bin enttäuscht, Traber redet mir gut zu, und mein Sohn zweifelt zum ersten Mal in seinem Leben an dem Glauben, dass Papa alles kann.

Plötzlich steht »Dickerchen« neben uns. Anfang zwanzig, sieht man ihm die vielen Fernsehabende mit der Chipstüte in der Hand an.

»Hey, was macht ihr?«, will er wissen.

»Jenke will morgen in unserer Vorstellung auf dem Marktplatz in Freiburg übers Hochseil«, antwortet ihm Traber mit einer großen Portion Skepsis im Ton. Und im Blick. Und in seiner ganzen Körperhaltung.

»Cool«, antwortet Dickerchen da. »Und jetzt übt ihr ein bisschen, damit du morgen nicht sofort abkackst, was?«, sagt das Vollmondgesicht frech.

Ja, Mopsi. Und dir würde es auch nicht schaden, ein bisschen Sport auf dem Weg zwischen Kühlschrank, Fernseher und Computer einzulegen. Aber lass besser die Finger von dem Hochseil. Das trägt dich nicht!, denke ich leicht angesäuert. Sage es aber nicht. Sehe nur, wie Dicky plötzlich leichtfüßig aufs Seil hüpft und, die Arme seitlich ausgestreckt, über das gesamte Seil tänzelt, als wäre er darauf zur Welt gekommen. Wie Käfer, die übers Wasser laufen können, schwebt er die zehn Meter bis zum Walnussbaum und kommt genau vor meinem Sohn, dessen Augen plötzlich größer als die über ihm hängenden Walnüsse sind, zum Stehen.

»Wow. Cool!«, japst mein Sohn, während sich der 100-Kilo-Körper wieder auf den Weg macht. Diesmal rückwärts. Ohne sich umzudrehen, die ganzen zehn Meter. Nur eine kleine Pause legt er auf halber Strecke ein, kniet sich plötzlich aufs Seil und winkt den imaginären Zuschauern in allen Richtungen, ohne dabei mit dem Körper auch nur einen Millimeter zu schwanken. Schließlich verlässt er das Seil, wie er es betreten hat: elfengleich. Und dann steht er wieder vor mir und lächelt mich an. Aufmunternd klopft er mir auf die Schulter. Ich ziehe meine fiesen Gedanken von eben zurück und in Gedanken den Hut vor ihm.

»Das wird schon. Nur nicht zu viel denken«, sagt er philosophisch und tapst, weit weniger leichtfüßig, sondern seinem Körpergewicht entsprechend mit Mühe, davon.

»Papa, darf ich auch mal versuchen?«, fragt mein Kleiner plötzlich.

»Na, klar. Aber tu dir nicht weh, wenn du runterfällst!«, lautet mein überflüssiger väterlicher Rat. Und während mich Johann Traber aufklärt, dass der junge Mann, der mich da gerade so beeindruckt hat, ein großes Artistentalent und das momentane Zugpferd seiner Truppe ist, sehe ich aus dem Augenwinkel, wie mein Sohn schon auf dem Seil kniet und die imaginären Zuschauer begrüßt, in alle Richtungen winkt, ohne mit seinem kleinen Körper auch nur einen Millimeter zu schwanken. Dann läuft er weiter rückwärts übers Seil. Und noch mal vorwärts. Und noch mal rückwärts. Traber und ich stehen mit offenen Mündern da, und ich muss mich mit einem zweiten Blick vergewissern, dass es überhaupt mein Sohn ist, der da über das Seil tanzt, und nicht ein Trabersprössling.

»Der hat großes Talent, Jenke. Den kannst du gleich

hierlassen, und ich bilde ihn aus«, bietet mir Traber an. »Das meine ich ernst!«, setzt er noch nach.

Von wem er das bloß hat, frage ich mich. Ob seine Mutter auch so selbstverständlich übers Seil fliegen würde? Vielleicht war sie ja früher beim Zirkus, hat es mir beim Abendessen irgendwann mal beiläufig erzählt, und ich hab ausgerechnet in dem Moment nicht zugehört?

»Nimm dir morgen auf dem Marktplatz ein Beispiel an deinem Sohn. Er denkt auch nicht nach. Er macht einfach«, staunt Traber und nähert sich meinem kleinen Seiltänzer, um ihm noch ein paar Feinheiten beizubringen.

Am nächsten Tag vor dem Freiburger Münster. Die Sonne scheint, und die Menschen stehen erwartungsfroh vor dem Hochseil, das etwa vierzig Meter weit über den gesamten Platz gespannt ist. Ich bin als »Vorläufer« angekündigt worden, von einem beleibten Herrn mit Mikrofon und Kirmesstimme:

»Sehen Sie gleich, verehrte Damen, verehrte Herren, zum ersten Mal auf dem Hochseil den Reporter Jenke von Wilmsdorff. Er wird versuchen, in zehn Meter Höhe die Strecke von vierzig Metern zurückzulegen. Wird er das schaffen? Oder wird er wie ein Meteorit zu Boden stürzen?« Drama. Ein Raunen in der Zuschauermenge. Dazwischen aber auch einzelne Lacher.

»Klar wirst du das schaffen, Papa. Denk nur nicht zu viel nach!«, ermutigt mich mein kleiner Sohn, als wir im Wohnwagen stehen und ich mich in den viel zu engen Gymnastikanzug zwänge. Als sie plötzlich wieder auftaucht, die Frage vom Anfang dieser Geschichte: »Stimmt es wirklich, dass sich Artisten, Balletttänzer und all die anderen männlichen Träger hauteng

Kleidung eine Socke, eine Hasenpfote oder gleich ein ganzes Meerschweinchen in den Schritt stopfen?«

Traber kommt, und mein Sohn geht hinaus auf den Marktplatz. Er will sich einen guten Platz sichern, wenn sein Vater unter dem Jubel der Menge gekonnt über das Seil stolziert.

»Johann, ich habe da mal eine Frage, die mich seit Langem beschäftigt«, sage ich, im engen Beinkleid vor ihm stehend, und zeige auf meinen Schritt. »Stopft ihr euch da was rein, oder ist das nur eine Legende?«

Traber lacht, und sein Schnauzbart macht dabei kleine Kunststücke. »Habe ich auch gehört. Socken, Hasenpfoten, Wagenheber, man erzählt sich ja die tollsten Dinge. Wir machen das nicht, weil es beim Balancieren nur stören würde. Apropos stören: Lass dich nicht ablenken von den vielen Menschen da draußen. Wenn sie etwas rufen, versuch nicht hinzuhören. Und schau ja nicht hinunter, um dir die Menschen anzusehen oder nach jemandem zu suchen. Das wurde mir damals zum Verhängnis!«

Verhängnis? Ich wusste bis dato nicht, dass auch er einen Unfall hatte. Warum erzählt er mir das ausgerechnet jetzt? Zwei Minuten vor meinem Auftritt! Den ganzen Weg zu der Leiter am anderen Ende des Platzes gehen mir die Bilder vom herunterfallenden Traber durch den Kopf. Wie er auf dem Seil schwankt, den Halt verliert, minutenlang durch die Luft flattert und schließlich auf dem Boden liegt, verletzt. Ich will es gar nicht wissen, funkt mir mein Hirn, als sich mein Mund schon öffnet:

»Was ist denn damals passiert?«

»Ich habe meine Freundin im Publikum gesucht, wollte ihr zulächeln. Das hat mich meine Konzentration gekostet. Und meinen Halt. Erst auf dem harten

Sandboden bin ich wieder zu mir gekommen. Mach das bloß nicht, das tut verdammt weh. Aber denk da jetzt nicht dran. Konzentrier dich.«

Macht der Witze? Erzählt mir was vom schmerzhaften Aufprall, und ich soll mir keine Gedanken machen? Was passiert, wenn man sich vornimmt, an etwas nicht zu denken? Richtig, man denkt erst recht dran.

»Hoch aufs Seil, Jenke. Und viel Glück!«, schiebt mich Traber zur zehn Meter hohen Treppe. Und Dicky steht plötzlich auch da in seinen weißen Ballettschläppchen. Er streckt mir seine Daumen entgegen und zwinkert mir aufmunternd zu. Aber wo ist mein Sohn? Ich kann ihn nirgends sehen und habe doch fast schon das Seil erreicht. Endlich entdecke ich seinen hellblonden Schopf und sein kleines, winkendes Händchen. Jetzt bin ich beruhigt und setze den ersten Fuß aufs straff gespannte Seil. Aus dem Augenwinkel nehme ich wahr, wie hoch zehn Meter sind. Absolute Stille auf dem Marktplatz. Nur das laute Atmen des Kirmessprechers ist durch die Lautsprecher zu hören. Er hat wohl vergessen, das Mikrofon abzustellen. Zweiter Fuß aufs Seil. Gleichgewicht suchen. Verdammt, wo ist es denn? Das ist aber windig hier oben. Vierzig Meter liegen vor mir, bis hin zu einem Gerüst, an dem ich wieder herunterklettern soll. Den Blick fest an dieses Ziel geheftet, tipple ich endlich los. Langsam. Konzentriert. Im Gänsemarsch. Die Leute rufen etwas, ich kann es nicht verstehen und tipple weiter. Zwei Meter habe ich bestimmt schon zurückgelegt. »Cool«, sagt mein Mund. »Na ja, geht so!«, funkt mein Hirn. Ich habe etwas entdeckt: Solange ich nicht atme, wackelt das Seil auch nicht. Aber das halte ich keine vierzig Meter durch. Jedenfalls nicht bei meiner Geschwindigkeit. Wenn ich in dem Schneckentempo weitermache, bin ich hier oben noch mindestens vierzehn Tage unterwegs. Ich fühle mich gehetzt, habe Angst, den ganzen Betrieb hier aufzuhalten, und sehe aus dem Augenwinkel schon die ersten Zuschauer den Platz verlassen. Oha! Dickerchen, der nach mir aufs Seil soll und sich schon warm macht, wird sich wohl eine Taschenlampe ans Schläppchen schrauben müssen, weil es bis dahin dunkel sein wird.

»Geht es ein bisschen schneller, Jenke? Nur ein kleines bisschen?«, höre ich Traber nervös fragen. Der Kirmessprecher lässt noch ein letztes, beiläufiges »Joah ...« durchs Mikrofon und schaltet es dann ab. Für ihn gibt es nichts mehr zu sagen, solange ich hier oben bin. Spannung sieht für die Menschen um mich herum irgendwie anders aus. Für mich nicht. Ich bin gespannt und angespannt und überspannt und jetzt auch schon ganze spannende vier Meter weit, als der Gott der Artistik ein Einsehen hat und plötzlich dazwischenfunkt. Nicht mit großem Tamtam, ganz dezent, sodass niemand es mitbekommt. Er schickt mir eine kräftige Windböe, und die bringt mich zum Absturz. Endlich das lang erwartete Raunen in der Menge. Vielleicht sind die Menschen aber auch nur froh, dass ich endlich vom Seil runter bin. Ich stürze, fliege durch die Luft in die Tiefe, habe aber ein Sicherungsseil am Kostümchen und baumle plötzlich wie ein Kaninchen, das man an den Hinterpfoten hochhält, nur wenige Zentimeter vom Steinboden entfernt in der Luft. Und blicke in die Gesichter von Traber, Dickerchen und meinem Sohn. Mitleid ist dort zu erkennen, Sprachlosigkeit und auch eine Prise Unverständnis. »Blöder Wind«, beschwere ich mich.

»Was für ein Wind?«, fragen Traber und Dickerchen wie aus einem Mund.

Und es war doch eine Windböe!

»Da war kein Wind, Papa«, sagt mein Sohn.

»Klar war da Wind. Und zwar eine kräftige Böe. Sonst wäre ich ja nicht vom Seil gestürzt«, widerspreche ich.

»Mhm«, brummen Traber und Dickerchen, und mein Söhnchen hat sich kurzerhand entschlossen, besser nichts mehr zu sagen.

Knack! Der Kirmessprecher hat sein Mikrofon wieder eingeschaltet: »So meine Damen, meine Herren, Sie sehen, es ist verdammt schwer, ein Hochseilartist zu werden. Zurück zur Artistik ...«

Was redet der denn da? Der Wind war schuld. Ich war gar nicht so übel. Es war dieser verdammte Wind. Ich hätte die vierzig Meter schon noch geschafft. Irgendwie. Warum glaubt mir denn niemand?

EINEN ZWEITEN VERSUCH HAST DU NICHT

Tätowierer – Berlin, Deutschland

Sollte ich den jungen Damen vom Tattoo-Studio besser gestehen, dass ich nicht einmal ein Herz anständig malen kann? Geschweige denn irgendwelche Rauten oder chinesischen Schriftzeichen? Ich habe kein Talent zum Zeichnen. Nicht im Ansatz. In der Schule war ich immer der, der in Kunst die schlechte Note bekam. Wann immer ich etwas gemalt oder gezeichnet hatte, tauchte dieselbe Frage auf: »Was soll das sein?« Das war bei mir schon als Kleinkind so, und das wird auch noch so sein, wenn ich als steinalter Mann meine Unterschrift nur noch malen kann. Doch wenn man als Tätowierer eines können sollte, dann ist es Zeichnen. Ich bin also für diesen Beruf von Anfang an ausnahmslos ungeeignet und entschließe mich deshalb, es den jungen Damen nicht zu erzählen.

Christin und Liz haben den Laden erst wenige Monate zuvor eröffnet und sehen aus, wie Tätowierer wohl aussehen müssen: bunt. Erklärtes Ziel der beiden ist, keinen Zentimeter Haut mehr zu tragen ohne ein Tattoo darauf. Sie wollen »dicht« sein, wie sie es nennen. Schon während ich ihre bunten Hände schüttele, bieten sie mir eine kostenlose Verschönerung meines Körpers an. In Farbe und wo immer ich mag. Ich bedanke mich artig und bitte mir noch etwas Bedenkzeit aus. Habe aber sofort die passenden Bilder vor Augen: Jenke mit Anker auf dem Oberarm, Jenke mit nackter Meerjungfrau auf dem Schulterblatt, Jenke mit »Mutti ist die Beste« in arabischen Zeichen für immer auf dem Unterarm verewigt. Ich schüttele schnell den Kopf, um die Bilder wieder loszuwerden, als ein Kunde plötzlich neben mir steht und bei Christin sein Wunschtattoo bestellt: die Kopie eines Fotos vom Gesicht seines dreijährigen Sohnes, das er in den Händen hält. Geht es noch hässlicher?, möchte ich ihn fragen, will mich aber nicht schon gleich zu Beginn geschäftsschädigend zeigen und halte die Klappe. Unvorstellbar, was sich die Leute für immer und ewig in die Haut tackern lassen! Ich betrachte die Fotos an den Wänden, auf denen Dutzende Hausfrauen ihre Einhörner und Delfine präsentieren, und denke die ganze Zeit nur: Meine Güte, das ist ja so hässlich, dass selbst ich es nicht schlimmer machen könnte, wenn man mich ließe. Aber wer lässt mich? Ich stürze mich auf jeden neuen Kunden, der den Laden betritt, und biete ihm an, die Wartezeit von ein paar Tagen auf ein paar Minuten zu verkürzen, wenn ich an die Nadel darf und er mich an seine Haut lässt. Zeit für Studien am Menschen, denn innerhalb weniger Sekunden wechseln die Kundengesichter von einem Extremausdruck zum anderen: Erst große Freude, dass sie bei mir sofort einen Termin bekommen, gefolgt von großem Entsetzen, wenn ich ihnen mitteile, zuvor noch nie tätowiert zu haben. Komisch, dass die Menschen es plötzlich nicht mehr so eilig haben und selbst ein Termin in acht Wochen noch früh genug ist. Solange dann nur ich nicht an der Nadel stehe.

Feiglinge! Denke ich und stelle mir gleichzeitig die Frage, ob ich einen wie mich an meine Haut lassen würde. Und schwupps, bin ich wieder versöhnt mit der Menschheit, denn natürlich würde ich nicht. Nie im Leben. Auch nicht, wenn es umsonst wäre und ich zusätzlich mein Leben lang keine Kfz-Steuer mehr zahlen müsste. Doch was tun, wenn ich einen Tag lang als Tätowierer arbeiten will? Üben. Üben. Üben. Am armen Schwein. Also an der Haut eines armen Schweins. Und die gibt es beim Metzger gegenüber.

»Guten Tag, ich hätte gerne einen Quadratmeter Schweinehaut. Ohne Fleisch«, stehe ich vor dem Mann mit den Bratwürsten in der Hand und der weißen Haube auf dem Kopf.

»Ah, zum Tätowieren-Üben, wa!«, berlinert er über die Theke.

»Jo«, beende ich das Gespräch.

»Nich so tief rinnstechen!«, lacht er noch und reicht mir die zusammengefaltete Schweinehaut rüber.

Die alte Frau neben mir verzieht das Gesicht und wundert sich kopfschüttelnd über Zeiten wie diese, während sie die kleine Leberwurst in ihren Rollator legt und versucht, Strecke zu machen.

»Gestochen wird in die zweite Hautschicht«, beugt sich Liz mit mir gemeinsam über die Schweinehaut, »und zwar 2500-mal in der Minute.« Sie hält ein kleines Maschinchen hoch, aus dem vier Nadeln hervorlugen. Liz ist ein hübsches Mädchen, pechschwarze Haare zu einem Zopf gebunden, den durchtrainierten Körper durch eine knallenge Jeans noch betont, könnte sie mit ihrem Aussehen glatt in die Fußstapfen von Angelina Jolie treten. Will sie aber nicht. Liz will tätowieren, sonst nichts. Am liebsten will sie Rosen in allen Farbschattierungen für alle Ewigkeit auf fremden Körpern hinterlassen. »So wie ein Künstler«, sagt sie und hält mir ihren linken Arm hin, der aussieht wie die Rosenhecke im Garten meiner Mutter.

»Hast du dir schon überlegt, was ich dir stechen soll?«, fragt sie, schaut mich mit ihren Bambiaugen an und hat mich damit fast schon überredet. Mein Gott, ich will ja jetzt auch nicht uncool sein, denke ich und gehe alle möglichen Motive noch mal schnell im Kopf durch.

»Was hältst du von einer feuerroten Rose? Genau da, wo dein Puls schlägt. Unterseite Handgelenk. Das sieht bei dir bestimmt richtig geil aus!«, setzt sie nach, und ich merke, wie sich meine Zweifel dezent aus dem Staub machen.

»Feuerrote Rose? Mhm, und wenn ich eines Tages mehr Bock auf eine Herbstaster habe?«, versuche ich Zeit zu schinden. »Quatsch. Die Rose ist die Blume aller Blumen. Nur eine Rose darf dahin.«

Ich schaue auf mein Handgelenk und sehe das Gewächs schon vor mir, wie es sich meinen Unterarm entlangrankt, immer weiterwächst, jetzt auch noch über meinen Oberarm wuchert und, neue Knospen bildend, unter meinem T-Shirt verschwindet wie in einer tschechischen Verfilmung von Dornröschen.

»Es wird höchste Zeit, dass die vom internationalen Rosenverband eine Rose nach dir benennen. So wie du dich für die Blume einsetzt. Oder gibt es die schon?« Mir fällt langsam nichts mehr ein, um sie von mir abzulenken und ihre Gedanken in eine andere Richtung zu steuern.

»Kannst es dir ja noch überlegen. Bist ja noch den ganzen Tag hier. Jetzt tätowiere ich dich mal ohne Farbe, damit du weißt, wie es sich überhaupt anfühlt. Das wollen deine Kunden nämlich später als Erstes von dir wissen.« Gute Idee, denke ich und halte bereitwillig meinen linken Arm hin. Liz tritt auf ein kleines Gaspedal unter meinem Sitz, so wie es mein Zahnarzt tut, nachdem er mir eine neue Keramikfüllung angedreht hat.

Die Nadeln jagen so schnell durch meine Haut, dass selbst die überrascht ist und nur verzögert anfängt zu bluten. Es kribbelt und sticht, ist aber leicht auszuhalten. Es mag allerdings durchaus Körperstellen geben, an denen sich das anders anfühlt.

Passiv ist gut, aktiv ist besser, ich will jetzt endlich an die Nadel. Liz läutet die zweite Runde ein:

»Okay, dann zeichne jetzt mal ein Motiv aufs Schwein, dann zeig ich dir, wie du es eintätowierst.«

Mist! Gleich kommt es raus. Dass ich noch nicht mal ein Gänseblümchen malen könnte, geschweige denn eine Rose. Welches Motiv könnte ich jetzt bloß zeichnen, ohne gleich zu verraten, dass ich nicht zeichnen kann?

»Kann ich nicht einfach so ein bisschen rumtätowieren. Improvisieren mit Nadel und Farbe?«, versuche ich meine Blamage abzuwenden.

»Nee, das sieht meist scheiße aus. Gerade wenn man keine Erfahrung hat. Zeichne doch mal eine welkende Rose, die die ersten Blätter verloren hat.«

Wie bitte? – Ist doch nicht dein Ernst!, möchte ich antworten. Ich kann nicht mal ein einzelnes Rosenblatt malen. Ich kenne den Unterschied zwischen Rot und Grün, ja, aber das war es beim Malen dann auch.

»Wie meinst du das?«, entgegne ich stattdessen.

»Na, eine langstielige Rose, der die Kraft schwindet. Die Blüte ist noch voll, aber die ersten Blätter rollen sich langsam ein, und zwei, drei liegen schon verfärbt daneben. Wäre doch ein cooles Motiv!«, strahlt sie mich an.

»Ja ...«, sage ich und: wenn man malen kann ..., denke ich. So komme ich hier nicht weiter und entschließe mich zu einer anderen Taktik:

»Wie genau legst du denn so eine Vorlage an?«

Liz greift zum Stift und malt die verdammte welkende Rose endlich auf die Schweinehaut. Sehr gekonnt und sehr verwelkt: »So. Siehst du! Ganz einfach.«

»Ach so. Ja, so wollte ich sie auch zeichnen, aber ich dachte, du meintest es irgendwie anders.« Puh, das hätten wir.

Liz drückt mir die Tattoo-Pistole in die Hand, legt ihre Finger auf meine Finger und führt die Pistole langsam über die Zeichnung auf der Schweinehaut. Fühlt sich irgendwie komisch an. Mit der einen Hand streiche ich die Schweinehaut straff, mit der anderen bohre ich kleine Löcher in sie. Ich komme mir vor wie eine Mischung aus Hannibal Lecter und den Typen von *Pimp My Ride.* »Gar nicht schlecht, Jenke. Nur nicht so zögerlich. Sei von deinem Motiv und deiner Arbeit überzeugt, und stich zu!«

Mann, hat die plötzlich ein Feuer in den Augen! Ich bin immer wieder begeistert, wenn Menschen so voller Leidenschaft für ihre Jobs sind, und das steckt mich an in diesem Moment. Ich gebe alles, mache die Schweinehaut zum Rosenfriedhof, als ein neuer Kunde neben uns steht.

»Sieht cool aus!«, murmelt er.

»Kann ich dir machen!«, sage ich cool und schaue ihn ganz selbstverständlich an. »Überhaupt kein Thema!«, lege ich noch mal nach.

Der Typ überlegt kurz, kippt den Kopf nach rechts, um die verwelkte Rose auf der Schweinehaut noch

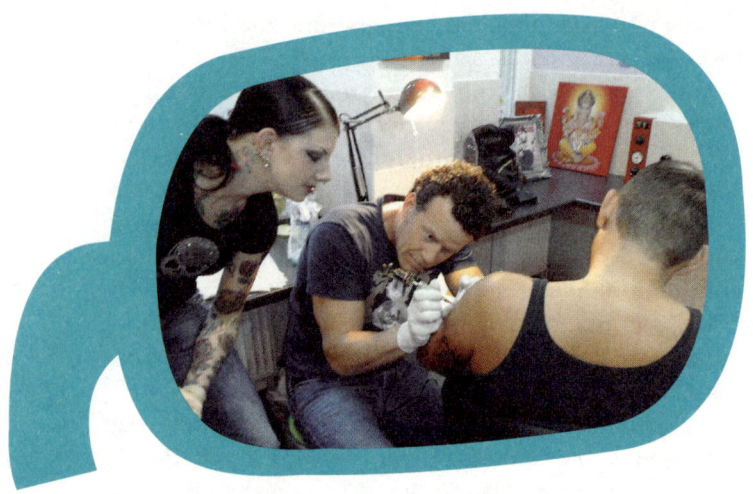

Eine ganz andere Nummer als Schweinehaut ...

mal aus einer anderen Perspektive zu begutachten, kaut fünfmal schmatzend auf seinem Kaugummi rum und dreht den Kopf dann wieder zurück: »Nee, ich will ein Tribal!«

»Dann machen wir ein Tribal!«, triumphiere ich und möchte schon mal den Platz für ihn frei machen, als Liz mich bremst:

»Okay, lass mich mal, Jenke. Aber du kannst die Vorlage zeichnen.«

Arrrg! Ich will nicht zeichnen, ich kann auch nicht zeichnen, verdammt. Ich will stechen! »Ja, gern. Später«, lächle ich souverän zurück. Liz will dem Kunden erklären, wie alles abläuft, aber er winkt ab. Es sei nicht sein erstes Tattoo, und im Übrigen sei er tiefenentspannt. Tiefenentspannt? Moment mal, das ist doch mein Stichwort. »Liz, hör mal ...«, stupse ich sie an, doch sie hat längst kapiert: »Okay, wir machen es zusammen. Ich tätowiere die Umrisse, du die Füllung. Okay?« Da funkeln sie wieder, ihre braunen Rehaugen, und meine Augen funkeln diesmal ganz sicher auch.

Okay, jetzt bloß nichts anmerken lassen und aufpassen, dass mein Schweiß nicht auf die frische Tätowierung tropft. Ich hocke angespannt vor dem Kunden, als es mir so aus dem Mund fährt: »Das ist schon 'ne ganz andere Hausnummer als Schweinehaut.«

Der Typ mit Oberarmen groß wie Sofakissen schaut irritiert erst mich und dann die Schweißtropfen auf meiner Stirn an. »Wie meinst du das?«, will er wissen, und ich spüre, wie sich sein Oberarm leicht verkrampft.

»Bleib ganz entspannt«, beruhige ich ihn. »Ich hab alles unter Kontrolle. Und das nächste Mal machen wir 'ne verwelkte Rose, die die ersten Blätter fallen lässt. Das sieht bei dir bestimmt richtig cool aus. Ich habe da schon mal etwas vorgezeichnet. Was hältst du davon?«

»WOLLEN WIR JENKE INS WASSER SCHMEISSEN?«

Kinderanimateur – Mallorca, Spanien

Nur dass Sie es wissen: Ich liebe Kinder. Und zwar sehr.

Aber in meinem Job als Kinderanimateur sind sie mir so auf den Keks gegangen, dass ich kurz davor war, meine Einstellung komplett zu überdenken.

Sie haben an mir rumgenörgelt, an mir gezogen und gezerrt, mich ins Wasser geschmissen und keine meiner Ansagen befolgt. Die süßen Kleinen ... Monster.

Animateur ist angeblich ein Traumjob. Jedenfalls für Menschen, die gerne den ganzen Tag über andere Menschen um die Ohren haben, Spaß daran haben, andere zu bespaßen, und danach, nachts um drei an der Theke, noch freundlich einer komplizierten Lebensgeschichte lauschen und für alle anderen nebenbei einen netten Spruch auf den Lippen haben.

Ich gehöre ganz klar nicht zu dieser Kategorie Mensch, und deshalb habe ich mich für den Fachbereich Kinderanimateur entschieden. Da ist wenigstens schon am frühen Abend Schluss, dachte ich. Doch von wegen! Wenn ich gewusst hätte, was auf mich zukommt, hätte ich diesen Beruf ausgelassen.

Eine voll besetzte Rikscha durch Kalkutta zu ziehen ist auf jeden Fall ein Spaziergang gegen diesen Job. Augen auf bei der Berufswahl!, denke ich, als ich mitten im Kinderparadies der Clubanlage stehe und Spiele aus meiner Kindergartenzeit spiele.

Ich fühle mich zurückversetzt in eine Phase meines Lebens, in der so mancher meiner Kumpels noch in die Hose machte, wenn die Spannung stieg. Und in der wir zur allgemeinen Beruhigung schnell mal 'ne Runde am Daumen gelutscht haben. Nur dass meine Freunde damals viel netter zu mir waren.

Ich habe mir vorgenommen, alles mitzumachen, um so in Kontakt zu den Kindern zu kommen, ihr Vertrauen zu gewinnen und gemeinsam mit ihnen Spaß zu haben. Aber das Einzige, was den brüllenden Pimpfen Spaß zu machen scheint, ist, mich zu ärgern. Früher hätte ich sie dafür von der Rutsche geschubst, heute muss ich mir das verkneifen. Leider. Und so lache ich, auch wenn mir zum Schreien zumute ist.

»Versuch erst mal herauszufinden, was den Kindern am meisten Spaß macht. Und genau das spielst du dann mit ihnen, solange sie Lust haben«, hatte mir heute Morgen der Teamleiter geraten, ein gelackter Jüngling mit gegeltem Haar.

Was ihnen am meisten Spaß macht? Kann ich dir verraten, du Suppenkasper. Mich fertig zu machen!, denke ich und schaue auf die große Wanduhr. Noch eine halbe Stunde, und es ist Mittagszeit. Dann werden ja wohl die Eltern vorbeikommen, um ihre Kinder abzuholen. Ich zähle die Minuten und reiße mich zusammen. Ein kleines Mädchen hält seit etwa einer Stunde meine Hand und scheint nicht vorzuhaben, sie jemals wieder loszulassen. Sie ist der einzige Lichtblick in dieser Truppe von kleinen Randalierern.

Klebehand und ich

»Kommt, Kinder, jetzt üben wir den Clubtanz für heute
Abend. Dann zeigen wir ihn euren Eltern, das wird ein
Riesenspaß!«, schreit die völlig überdrehte Kinderani-
mateurin durch den gesetzlosen Raum. Wieso sind
eigentlich alle hier so high? Egal, welchen Animateur
ich treffe, alle wirken sie, als wäre ihr bester Freund
der Apotheker. Alle sind sie dauerfreundlich, dauer-
gut-drauf, dauer-powerful und natürlich auch dauer-
verständnisful. So einen Zustand kenne ich nur vom
Beipackzettel eines Psychopharmakons.

»Die gehören doch alle getestet«, sage ich unbe-
wusst zur kleinen Klebehand, doch die schaut mich
nur mit ihren kastaniengroßen Kulleraugen an und
will den Clubtanz mit mir üben. Schon als Kind fand
ich solche Veranstaltungen peinlich. In meinem jetzi-
gen Alter ist die Scham derart angewachsen, dass sie
mir körperliche Schmerzen bereitet. Den Ententanz

finde ich ja schon total beknackt, aber das, was sie den kleinen Würmchen hier als Clubtanz beibringen, schlägt dem Fass wirklich die Krone in den Nacken. Und als ob das nicht schon schlimm genug wäre, muss auch noch ein besonders dämliches Lied dazu gespielt werden. Klebehand gefällt's, sie lacht und quietscht vor Freude, und so gefällt es mir plötzlich auch.

»Sum die Bum, so fliegen wir hier rum ...« Na ja, so schlecht ist der Text doch gar nicht ... Mir wird schlagartig klar, dass auch bei diesem Job alles nur eine Frage der Einstellung ist, und so beschließe ich, fortan Spaß mit den Kindern zu haben und mich auf ihre Augenhöhe zu begeben. Klebehand hilft mir dabei, denn sie lässt sich durch den Raum wirbeln, singt lauter, als es ihr kleines Stimmchen zulässt, und hat wieder einmal den schönsten Tag in ihrem Leben.

Die ersten Eltern tauchen auf, holen ihre Kinder ab, und ich spüre ein leises Bedauern. Klebehand wird nicht abgeholt, ihre Eltern wollen Urlaub haben. Auch von ihr. Doch das weiß sie zum Glück noch nicht.

»Wollen wir Jenke ins Wasser schmeißen?«, brüllt die kleine dicke blonde Animateurin mit dem Bauchnabelpiercing. Und alle Kinder brüllen zurück:

»Jaaaaa!«

Nur Klebehand brüllt nicht. Sie spricht ganz ruhig, als sie zu mir aufschaut: »Nein«, sagt sie und hält meine Hand jetzt noch fester.

»Komm, das ist lustig!«, überrede ich Klebehand, und jetzt, wo sie sieht, dass mir der Gedanke gefällt, beschließt sie, den Gedanken auch zu mögen.

Es ist ein Spiel, das schon meinem Sohn damals so viel Freude machte, dass er regelmäßig einen Lachkrampf bekam und ihm Tränen, größer als er selbst, die Wange runterkullerten. Das Spiel geht so: Ich schlendere nah am Wasserbecken entlang, bleibe plötzlich stehen, drehe mich mit dem Rücken zum Kind und tue so, als würde ich etwas mit den Augen im Wasser suchen. In diesem Moment werde ich von hinten hineingeschubst, und noch bevor ich das Wasser berühre, höre ich die lauten Freudenschreie der Kinder. Das Spiel funktioniert immer und überall. Ich bilde mir sogar ein, dass selbst meine erwachsene Freundin es noch lustig findet. Ich kann mich da aber auch irren.

Wichtig ist, mit einem möglichst verwirrten Gesicht wieder aufzutauchen. Das bringt den zweiten großen Lacher. Dann steigt man langsam mit den klitschnassen Klamotten aus dem Becken und schaut entsetzt an sich herab: dritter großer Lacher. Zum Schluss und für den nahtlosen Übergang geht es zurück auf START, und das Spiel beginnt von vorn. So lange, bis ich das Wasser nicht mehr aus meinen Ohren bekomme und jedes der siebzehn Kinder mich einmal ins Becken geworfen hat.

»Das war lustig«, grinst Klebehand, die sofort wieder meine Hand ergreift, während ich noch auf der Stelle hüpfe, um das Wasser aus dem Gehörgang zu schleudern.

»Freut mich, dass es dir gefallen hat. Was machen wir denn jetzt?«, frage ich das höchstens fünf Jahre alte Mädchen etwa einen Meter unter mir.

»Ich habe Hunger«, antwortet sie. Die Fischstäbchen schmecken ihr gut, heute sogar besonders gut, weil sie bei mir mit den Händen essen darf. Messer und Gabel sind doof. Finde ich heute auch, und so mampfen wir mit den Händen. Mit beiden Händen ausnahmsweise, denn ich kann Klebehand überreden, mich zum Essen kurz loszulassen.

Nach vielen lustigen Kinderspielen und dem großen Kinderschminken sind immer weniger Kleine übrig, und selbst Klebehand steht plötzlich vor ihren Eltern. Doch das kleine Mädchen will nicht mit. Will lieber hier bei den anderen Kindern bleiben. Und bei mir. Doch ihr Widerspruch bleibt ungehört.

»Wir sehen uns doch alle heute Abend beim großen Fischtheater wieder. Da kannst du deinen Eltern auch den Clubtanz zeigen!«, versucht der gelackte Teamleiter das kleine Mädchen zu trösten. Doch ihre Schnute bleibt. »Jenke macht bei der Theatervorstellung auch mit. Er spielt den Kugelfisch«, legt mein Chef nach, und plötzlich wandern Klebehands Mundwinkel wieder nach oben.

»Na gut«, sagt sie, »dann bis später.« Sie verschwindet an der Seite ihrer Eltern. Ihre dünnen Ärmchen hängen baumelnd herab.

»Ich spiele den Kugelfisch?«, frage ich entgeistert, um nicht zu sagen: entsetzt. Ich bin gegen Laientheater, und zwar so entschieden, dass ich dagegen sogar auf die Straße gehen würde.

»Das Fischmusical ist das absolute Highlight hier im Club. Jeder Animateur stellt einen anderen Fisch dar, und du darfst heute Abend den Kugelfisch geben.« Stolz und völlig überzeugt von seiner großen Geste, lächelt mein Chef mich an, während ich schon die passenden Bilder vor Augen habe. Ich sehe untalentierte Laiendarsteller im schlechten Nemokostüm über die Bühne kraulen, begleitet von schrecklicher Musik und im Takt klatschenden Hotelgästen.

»Nein, Freunde, das gehört nicht zum Job des Kinderanimateurs«, lächle ich freundlich, aber entschlossen zurück. »Sorry, ich mach ja nun wirklich alles mit. Aber das ist zu viel. Das verkrafte ich nicht.« Ich stehe fest wie ein Fels in der meterhohen Brandung vor ihm und starre, ohne mit der Wimper zu zucken, in seine Pupillen.

Wenn ich etwas nicht will, kann ich verdammt hart sein.

Ich möchte die Geschichte an dieser Stelle abkürzen. Mit einem Zeitsprung.

Es ist 21.00 Uhr, und mein Chef zieht gerade als Goldfisch an mir vorbei.

Ah, da drüben dümpelt ja die kleine dicke Blonde als Karpfen durchs seichte Gewässer. Den Haidarsteller kann ich zwar nicht erkennen, aber sein schlecht sitzendes Kostüm ist der Knaller und mein persönlicher Favorit. Wäre da nicht das Kugelfischkostüm, in dem ich selbst seit dreißig Minuten schwitze. Die ganze Zeit schon bete ich, dass mich niemand hier kennt. Bei jedem Blitzlicht dreh ich mich schnell um.

Lach, Kugelfisch, auch wenn dir zum Heulen ist!

»Wollen wir Jenke ins Wasser schmeißen?«

Ich habe guten Willen bewiesen und schwimme gerade unbemerkt in Richtung Notausgang. Nur noch wenige Flossenstöße, und ich habe es geschafft. Ein letztes Mal drehe ich mich um, um sicher zu sein, dass auch niemand meine Flucht beobachtet. Da sehe ich sie. In der ersten Reihe. Klebehand. Sie strahlt übers ganze Gesicht, als sich unsere Blicke treffen. Sie hebt ihr Händchen und winkt mir zu. Und was mach ich?

Ich schwimm zurück, ziehe meine Kreise ganz langsam und ganz nah vor ihrem Stuhl. Sie lacht und ich lache. Und dabei fällt es mir wieder ein: Es ist alles nur eine Frage der Einstellung!

DER SICH ZUM AFFEN MACHT
Affenmensch – Lucknow, Indien

Ein Mann, bekleidet nur mit einem kurzen Tuch um die Hüfte, schminkt sich wie ein Affe.

Er klebt sich einen langen Affenschwanz aus Plüsch an und kriecht tagelang auf allen vieren durch den riesigen Bahnhof der Drei-Millionen-Stadt Lucknow in Indien.

Warum?

Weil die Stadt ein Affenproblem hat. Und zwar ein gewaltiges. Rund 3000 paviangroße Primaten leben mittlerweile in Lucknow und terrorisieren die Bürger. Menschen werden gebissen, der Strom im städtischen Krankenhaus fällt für Tage aus, nachdem Affen die Sicherungen rausgeschraubt haben, und der Hauptbahnhof von Lucknow wird von vielen Pendlern gemieden, seit Hunderte Affen ihn als ihr neues Zuhause gewählt haben.

Was für eine Geschichte! Klingt nach einer perfekt durchgeplanten PR-Kampagne zum Start von *Planet der Affen*. Und wie in einem Hollywoodschinken, gibt es auch hier einen Helden: den Affenmenschen von Lucknow.

Was ist das für ein Typ, dessen Beruf es ist, Affen zu vertreiben? Er muss verdammt gut sein, denn die Oberhäupter der Stadt haben ihn engagiert und zahlen ihm für indische Verhältnisse einen fürstlichen Lohn, wenn er ihr Problem schnell löst.

Haben Sie auch gerade ein Déjà-vu? Der Typ mit der Flöte aus Hameln? Das war zwar ein paar Jahre vor meiner Zeit, aber wenn ich mich recht entsinne, war der Auftrag genau derselbe, nur dass es sich damals um Ratten handelte. Kann man nur hoffen, dass der OB von Lucknow nicht den gleichen Fehler macht wie sein Kollege aus dem Weserbergland, der mit der versprochenen Vergütung etwas zu lax umging.

Aus Prinzip ziehe ich mich bei jedem Beruf, den ich ausprobiere, so an wie meine neuen Kollegen auch. Bedeutet in diesem Fall: ab in den Karnevalsladen, um einen Affenschwanz zu kaufen. Und falls ich fündig werde, gerne auch noch eine Maske. Schweren Herzens entscheide ich mich gegen das reduzierte King-Kong-Kostüm. Damit hätte ich garantiert die Paviane in die Flucht geschlagen, dafür aber unter Umständen die Gorillaweibchen aus der Nachbarschaft angelockt. Will ja auch niemand.

Die Reise zum Affenmenschen ist wie folgt geplant: Ich fliege zunächst nach Mumbai, arbeite dort einen Tag lang als Wäscher in der größten Open-Air-Reinigung der Welt und ziehe dann weiter über Neu-Delhi ins sehr abgelegene Lucknow, an der Grenze zu Nepal. So weit der Plan, aber leider nicht die Realität, denn es hat mich umgehauen in Mumbai. Im wahrsten Sinne des Wortes. Nein, keine Schlägerei, kein aggressiver Türsteher, kein Raub auf offener Straße. Es war ein Ei. Und wie wir alle wissen, kann ein einfaches Ei viel gefährlicher werden als ein Aggro-Türsteher auf St. Pauli.

Es ist Mitternacht, als ich durch Mumbai schlendere auf dem Weg zu meinem Hotel. Überall werden kleine

Snacks angeboten, und damit kriegt man mich immer. Ich brenne vor Neugier, will wissen, was die Menschen in anderen Teilen der Welt essen, und da ich kein Theoretiker bin, möchte ich mitessen und probiere alles aus, egal, ob Maggi, Gras oder kleine Steine. Ich bin, ohne es zu wissen, in der Straße gelandet, in der Mumbais beste Kebab-Bude steht. Seit 1940 drängen sich die Menschen vor diesem Stand und lassen sich das herrlich gegrillte Fleisch in die hauchdünnen, selbst gemachten Pfannkuchen schaben. Was für ein Genuss. Ich flippe aus vor Freude und reihe mich ein in die Menschenschlange. Ich warte, ich bestelle, ich esse. Insgesamt acht Mal. In Zahlen: 8! Mit Kugelbauch und Dauergrinsen geht's weiter die Straße entlang. Was ist denn das für eine Menschengruppe dort drüben vor dem kleinen Stand? Nur mal gucken, bin ja satt. Der freundlich blickende alte Mann mit weißem Hütchen brät frisch aufgeschlagene Eier mit Frühlingszwiebeln, frischen Kräutern und Gewürzen auf einer fast schon glühenden gusseisernen Platte und füllt die Masse dann in warme, weiche Brötchen. Nun bin ich wirklich weit gereist in den letzten Jahren und beachte deshalb immer strikt folgende Regel: Iss nur, was geschält ist, gekocht oder sehr stark erhitzt wurde, und schau dir die Menschen um dich herum genau an, die die unbekannte Speise zu sich nehmen.

Auch diesmal habe ich mich konsequent daran gehalten. Das Ei wurde auf der glühenden Platte durchgebraten, und die Menschen drum herum sind Geschäftsleute in Anzügen, Banker und Botschaftsangestellte. Sie sind offenbar alle hierhergekommen, weil der alte Mann mit dem weißen Hütchen kulinarisch etwas Besonderes zu bieten hat. Und deshalb habe ich keine Ahnung, was falsch gelaufen ist. Ich schwöre, ich habe nur ein kleines Brötchen gegessen, aber das wollte nicht mehr von mir weichen. Der Weiterflug nach Lucknow war für den kommenden Morgen gebucht, um kurz vor sieben. Bis dahin habe ich mich gequält, bin immer wieder zur Toilette gekrochen, um das Brötchen loszuwerden. Doch es hat sich an mich geklammert, tief unten in meinem mit Kebab gefüllten Magen, und wollte nicht heraus. Bedauerlicherweise gehöre ich nicht zu den Vertretern, die sich brutal den Finger in den Hals stecken, so lange, bis sich der Magen einmal komplett umgestülpt hat. Das konnte ich noch nie, was das Leiden jedes Mal massiv verlängert. Ich schaue auf die Uhr. Noch eine Stunde bis zur Abfahrt. Der Schweiß steht mir seit Stunden auf der Stirn, mein Herzschlag rappelt wie ein Tuk-Tuk-Taxi durch meinen Körper, ich denke mit Schrecken an den bevorstehenden Flug.

Sobald ich im Taxi sitze, packen mich Magen- und Darmkrämpfe, und ich zähle verzweifelt die Kilometer bis zum Flughafen. Der Fahrer ist auf Plaudern aus, quatscht ohne Unterbrechung und will wissen, was ich in Indien schon alles gesehen habe. Ich überlege währenddessen, ob ich mich erst übergeben soll oder ob ich erst in die Hose mache. Oder doch besser beides gleichzeitig? Wäre wenigstens ein Abwasch. Für mich und für ihn. Im wahrsten Sinne des Wortes. Ich schraube das Seitenfenster weiter herunter, doch die stickige Abgasluft macht die Sache nur noch schlimmer. Der Taxifahrer will wissen, was ich in Lucknow will, und ich wiederhole immer nur: »Affenmensch, Affenmensch!« Ich habe nicht mehr die Kraft, einen kompletten Satz zu bilden, will endlich raus aus dem Taxi und mich erleichtern. Oder sterben. Egal, was von beidem, Hauptsache, Ruhe haben.

»Affenmensch?«, wiederholt er und vergisst dabei, seinen Blick vom Rückspiegel zurück auf die Straße zu richten. Ich nicke nur noch und entdecke gleich neben seinem irritierten Gesicht das Flughafengebäude. Gott sei Dank, geschafft. Fast. Denn der Fahrer hat sich noch eine letzte Frage für den Schluss aufbewahrt: »Wie schmeckt Ihnen die indische Küche?«, und ich muss mir die Hand vor den Mund halten, um mich nicht zu erbrechen.

Eibrötchen, möchte ich schreien, traue mich aber nicht, die Hand von meinem Mund wegzuziehen, und fingere mit der anderen Hand wahllos irgendeinen Geldschein aus der Tasche. Ich stürme ins Terminal auf der Suche nach dem erstbesten Klo. Da! Juhu! Nur noch wenige Schritte, doch was ist das? Was soll denn die dicke Glasscheibe vor meiner Nase. Wieso kann ich hier nicht durch? Meine Herren, es handelt sich um einen Notfall!

»Where is your ticket?«, bremst der unfreundliche Sicherheitsmann. Ich habe noch kein Ticket, ich habe nur eine Buchung. Aber viel wichtiger ist: Ich habe Durchfall und einen Kotzreiz, also mach Platz, Mann! Der Mann in Uniform stellt sich stur und scheint auch keine Angst zu haben, von mir vollgespuckt zu werden. Hier lasse er mich ohne Ticket nicht rein, und wenn ich so dringend zur Toilette müsse, dann sollte ich die öffentliche am Ende des Gebäudes benutzen. Da dürfe jeder rein. Leider fällt mir auf die Schnelle kein indisches Schimpfwort ein, und so kapituliere ich und starte stattdessen den Wettlauf gegen die Zeit. Es ist irre, wie sich in Notsituationen der Blickwinkel und damit die Wahrnehmung total verändern. Alles wird nebensächlich, man hat nur noch sein Ziel vor Augen, blendet alles Unwichtige aus und ist plötzlich bereit, über Leichen zu gehen. Weg da! Runter vom Pott. Ich bin dran!

Die öffentliche Toilette ist tatsächlich öffentlich. Sogar verdammt öffentlich. Ohne Türen und ohne Trennwände. Ach ja, auch ohne Schüssel. Man hockt nur Zentimeter vom Nebenmann entfernt über einem Loch in der Erde. Und wer wegen Überfüllung warten muss, schaut den anderen so lange beim Bodenturnen zu. Ich liebe Indien. Aber nicht an diesem Tag.

Eine halbe Stunde später fühle ich mich wenigstens imstande, den Flug anzutreten, auch wenn ich währenddessen weiter leide. Nach Stunden komme ich endlich in Lucknow an – und verschwinde für weitere vierundzwanzig Stunden im Hotelzimmer, geschüttelt von Krämpfen, Fieberschüben und Erbrechen. Dann erst bin ich wiedergeboren und kann über das Erlebte sprechen. Mit einem Arzt, der das Wort »Salmonellenvergiftung« fallen lässt, und dass ich Glück gehabt hätte, denn bei vielen Opfern sei der Verlauf noch dramatischer und gefährlicher. Danke, Herr Doktor, ich fand es dramatisch genug. Sie können sich ja die Geschichte bis hierhin noch mal durchlesen.

Touristen kommen so gut wie gar keine nach Lucknow, denn dort gibt es nicht viel zu sehen. Außer dem Affenmenschen, und von dem weiß ja noch kaum einer. Ich erreiche den Bahnhof der Stadt, das neue Zuhause ganzer Affenstämme. Hieß es. Doch ich sehe kein einziges Tier. Ich gehe die Bahnsteige ab und erkundige mich immer wieder nach dem Affenmenschen. Man lässt mich kopfschüttelnd stehen, wie einen Irren. Hier gebe es keinen Affenmenschen. Ich habe Angst, einer Fehlmeldung aufgesessen zu sein, einer sogenannten Presse-Ente. Bitte nicht! Ich bin

Tausende von Kilometern gereist, unterwegs fast gestorben und will jetzt, verdammt noch mal, den Affenmenschen treffen.

Endlich finde ich das Büro des Bahnhofsvorstehers, der gerade irgendwo zu Mittag isst. Man lässt mich warten und nimmt meine Personalien auf.

»Nein, der Affenmensch ist keine Presse-Ente, es gibt ihn. Aber darüber müssen Sie mit dem Bahnhofsvorsteher sprechen. Dürfte ich bitte Ihre Drehgenehmigung sehen?« Der ambitionierte Mann im frisch gebügelten und bis zum Hals geschlossenen Hemd ist ein großer Fan der Bürokratie. Normalerweise macht er sich Notizen, schlägt in dicken Büchern nach und heftet Formulare ab. Doch bei mir hat er nichts abzuheften, denn ich habe keine Genehmigung.

»Ohne Drehgenehmigung können wir leider nichts für Sie tun«, lächelt er irgendwie zufrieden und verweist mich an eine Dienststelle am Ende der Stadt, die für die Ausstellung einer Genehmigung zuständig ist. Ich versuche es trotzdem noch einmal und erkundige mich nach den Affen und dem Affenmenschen, wieder bekomme ich von ihm dieselbe Antwort. Es hilft nichts, ohne einen offiziellen Wisch gibt mir Mr Bügelfalte keine Infos. Und so sitze ich wenige Minuten später in einer Fahrradriksha auf dem Weg zum Presseministerium. Mein Fahrer ist, wie alle Inder, sehr neugierig und will wissen, warum ich nach Lucknow gekommen bin.

Entgegen meiner üblichen Art habe ich in diesem Moment keine Lust auf Konversation und beantworte seine Frage mit nur sehr wenigen Worten. Am Ministerium angekommen, bietet er mir an, auf mich zu warten, um mich wieder zurückzufahren. Er könne das Geld gut gebrauchen. Eigentlich geht er mir auf den Keks mit seiner Fragerei, aber er tut mir auch leid, und so stimme ich zu.

Die ausschließlich auf Hindi verfassten Schilder machen die Orientierung im Ministerium sehr schwierig, und es begegnet mir niemand, den ich nach dem richtigen Weg fragen könnte. Die Gänge werden dunkler, die meisten Büros sind verschlossen.

»Ich bin hier komplett falsch«, schimpfe ich laut vor mich hin, als mich eine barsche Frauenstimme hinter mir bremst.

»Wo wollen Sie hin?«

»Auch Ihnen einen wunderschönen guten Tag«, erwidere ich trotzig. »Ich suche die Abteilung, die Drehgenehmigungen ausstellt.«

Die übergewichtige Frau im blauen Sari blickt mich unfreundlich an und brummt: »Folgen Sie mir.« Mit einer Mischung aus Arroganz, Stolz, Willkür und Desinteresse führt sie mich minutenlang durch dunkle Gänge, bis wir endlich in ihrem kleinen Büro sitzen. Und jetzt wird Madame noch unfreundlicher: »Wer hat Sie hier überhaupt reingelassen? Sie dürfen hier nicht einfach herumlaufen. Zeigen Sie mir Ihren Ausweis!«

Ich erkläre ihr, dass am Eingang des Gebäudes niemand stand, den ich hätte fragen können. Wie überhaupt außer ihr wohl niemand im Gebäude sei.

»Ihren Ausweis«, wiederholt sie in strengem Ton. »Sie hätten das Gebäude nicht betreten dürfen.«

»Hören Sie, ich bin Journalist und benötige eine Drehgenehmigung. Also bitte sagen Sie mir doch einfach, wer dafür zuständig ist.«

»Sie sind auch noch Journalist!« Ab diesem Moment behandelt mich Frau Brummbär wie einen Spion und greift zum Telefon. Auch wenn ich kein einziges Wort verstehe, ist mir sofort klar, dass die Lage kritisch für mich wird, und so entschließe ich mich zu gehen.

»Ihren Ausweis!«, spricht sie immer energischer, und es würde mich nicht wundern, wenn sie jeden Moment eine abgesägte Schrotflinte unterm Schreibtisch hervorziehen würde.

»Ich sehe schon, Sie können mir nicht helfen. Ich komme ein anderes Mal wieder. Besten Dank.«

Ohne ihre Reaktion abzuwarten, trete ich den Rückweg an und drehe mich nicht mehr um, obwohl sie nicht aufhört, mir hinterherzurufen: »Warten Sie gefälligst, und zeigen Sie mir Ihren Ausweis!«

Ich gehe schneller, laufe durch das Treppenhaus und bin verdammt froh, Mitleid mit dem Rikschafahrer gehabt zu haben, denn der sitzt bereits abfahrbereit auf seinem Sattel und winkt mir freudig zu.

»Los, gib Gas, Junge. Diesmal zahl ich den doppelten Preis!« Der Mann ist ein Fluchtexperte. Er fragt nicht, er handelt. Und so schleudert mich sein gewaltiger Raketenstart in den letzten Winkel seiner Rikscha. Ich muss mich festhalten, um nicht aus der Gondel zu fliegen. Ich drehe mich noch mal um, kann die dicke Lady im blauen Sari aber zum Glück nicht entdecken. Wahrscheinlich schlappt sie noch zwischen der fünften und der siebten Etage keuchend durchs Treppenhaus.

»Was wollten Sie denn im Informationsministerium?«, dreht sich der Rikschafahrer zu mir um. »Das sind komische Leute da.«

Und so erzählte ich ihm die ganze Geschichte. Vom Kebab, dem Eibrötchen, von meinen Nahtoderlebnissen und auch von der öffentlichen Toilette am Flughafen.

Er lacht laut und lang. Schüttelt den Kopf und sagt

immer wieder: »Was für ein Pech!« Schließlich erzähle ich ihm vom Affenmenschen, der schließlich schuld an allem ist, woraufhin mein Fluchthelfer eine Vollbremsung auf den Teer legt, dass ich mich am Gestänge festklammern muss, um nicht neben ihm auf der Straße zu landen. Er hält sich den Bauch, schüttelt sich vor Lachen und kommt mit dem Wegwischen seiner Tränen nicht mehr nach. Minutenlang ist er nicht ansprechbar.

»Was ist an dem Affenmenschen so lustig?«, will ich wissen und ahne Schreckliches.

»Der Affenm... Affen... Aahahaaaffen...«, immer wieder prustet er los und beugt seinen Körper dabei fast bis zum Boden. Ich sitze in der Rikscha und schaue einem Inder beim Lachflash zu, während immer mehr Fremde neben uns stehen bleiben. Und mitlachen. Worüber, das wissen sie nicht. Aber zum einen tut Lachen ja immer gut, und zum anderen ist ein lachender Rikscha-Puller mit einem dämlich dreinblickenden Weißen im Gepäck doch immer einen Brüller wert. Als er sich endlich wieder beruhigt hat und unsere Fahrt weitergeht, erzählt er mir die ganze Geschichte vom Affenmenschen.

Es stellt sich heraus, dass der Affenmensch eigentlich Schauspieler war. Ein erfolgloser Schauspieler. So erfolglos, dass er seine Rechnungen nicht mehr bezahlen konnte und verzweifelt überlegte, wie er an Geld kommen könne. Er las in der Zeitung von dem Affenproblem in Lucknow und hatte plötzlich eine Idee. Er reiste mit einem Freund, der eine kleine Kamera besaß, nach Lucknow, schminkte sich zum Affen und erzählte dem Bahnhofsvorsteher, er könne mit Affen reden, sie verstehen und sie sogar überreden, vom Bahnhofsgelände zu verschwinden. Der verzweifelte

Bahnhofschef ließ sich auf den Deal ein, der Freund hielt die Kamera drauf, und der arbeitslose Schauspieler machte sich zum Affen. Ironie des Schicksals: Er jagte der Primatenhorde einen so gewaltigen Schrecken ein, dass sie brüllend den Bahnhof verließ und seitdem nie wieder gesehen wurde.

Alle glaubten nun die Geschichte vom Affenmenschen und dass er mit den Tieren sprechen könne. Aus vielen indischen Städten reisten sie an, um ihn zu sehen und für ähnliche Probleme anzuheuern. Aber der Schauspieler verschwand so schnell, wie er gekommen war, und kurze Zeit später war das Video im Internet, und der Schauspieler bekam eine Menge Rollenangebote.

»Eine lustige Geschichte, oder?«, schnauft mein Rikschafahrer ein letztes Mal.

»Ja, sehr lustig«, brumme ich enttäuscht.

»Sie ist aber nicht so lustig wie deine Geschichte«, fügt er schnell noch hinzu und zieht mich davon. Getrieben von einem neuen Lachanfall. Ich liebe Indien!

MEIN GROSSER DANK GEHT AN:

Meine Verlobte, Angelika Schwaff, die mich bei all meinen Vorhaben – egal, wie gefährlich und außergewöhnlich sie auch sein mögen – mit aller Kraft unterstützt, die mir klug rät, mich immer wieder inspiriert und mich mit ihrer großen Liebe stärkt; meinen Sohn Janik, weil er so wunderbar ist in allem, was er tut, und so kreativ und brüllkomisch noch dazu; Sabine Cramer vom Piper Verlag, die mich bei diesem Buchvorhaben von Anfang an mit großer Lust und Freude unterstützt hat, bis hin zum abschließenden Feinschliff der Texte; Petra Hermanns für ihre liebevolle und motivierende Art; Constanze Darschin für Rat und Tat und viele wertvolle Tipps; Frank Hoffmann, der mich zu RTL holte und mir die große Chance gab, das zu machen, was ich heute mache; Jan Rasmus, meinen Redaktionsleiter, für sein großes Vertrauen und die Freiheiten, die er mir lässt; Michael Wulf; Uwe Böhler; Ralf Classen, der mich als Lockvogel für meine erste *Versteckte Kamera* engagierte; an meinen Haussender RTL; meinen Lieblingskameramann Jan Kreutz, weil er so mutig ist, so unkompliziert und so hungrig auf gute Geschichten und dabei immer beste Bilder liefert; meinen Cuttern Markus Langen, Frank Waldhausen und Ingo Gulden; Birgit Schrowange für das rührende Vorwort, das große Interesse an meinen Reportagen und dem immer großen Zuspruch; Detlev Ott, der mich jedes Mal aufs Neue perfekt durch die Welt lotst; Rudy Kronenberger; Joey Kelly, der mir immer wertvolle Tipps gibt und dazu ein ganz außergewöhnlich feiner Mensch ist; Michael Kessler für sein großes Lob und seinen großen Witz; Berti Kropac, ein Top Kameramann und Kumpel, mit dem ich viele Geschichten erlebt habe; die Protagonisten der Reportagen, die ich drehe, für ihr großes Vertrauen und ihre Offenheit; und natürlich all die Zuschauer, die sich immer wieder für meine Reportagen und Selbstversuche begeistern und mir dadurch erst die Möglichkeit geben, diese Art von Geschichten aus aller Welt zu erzählen. DANKE SCHÖN!

Meine Güte, fast hätte ich Dich vergessen, Dietrich Hellmann, meinen längsten und ältesten Weggefährten. Was haben wir damals von der großen weiten Welt geträumt und dem Showbusiness, in das wir unbedingt wollten. Und davon, später ein Buch darüber zu schreiben. Didi, alter Knabe, ♪ we did it our way … ♪

Bastian Bielendorfer
Lehrerkind
Lebenslänglich Pausenhof.
304 Seiten. Piper Taschenbuch

Was wird aus einem Menschen, wenn Mama und Papa Lehrer an der eigenen Schule sind – und somit an jedem Tag im Jahr Elternsprechtag ist, die Mitschüler einen zum Daueropfer ernennen und es bei den Bundesjugendspielen nicht einmal für eine Teilnehmerurkunde reicht? Genau: Er wird selbst Lehrer! Mit gnadenloser Selbstironie schildert Bastian Bielendorfer, wie er der pädagogischen Sippenhaft zu entrinnen versucht, und verrät dabei, welch zarte Seele sich unter so manchem grob gehäkelten Mathelehrerpullunder verbirgt.

Florian Bredl
Kunden aus der Hölle
Irrsinniges aus der Service-Welt.
160 Seiten. Piper Taschenbuch

Unfreundlich, unverschämt, nervig, dumm oder schlicht verrückt? Jeder Verkäufer, Berater und Callcentertelefonist kennt sie: Kunden aus der Hölle. Ihre Mission: unnütze Arbeit verursachen, Zeit stehlen, Nerven rauben. Ihre Methoden: Zermürbung, Verwirrung, Fragefolter. Das einzige Gegenmittel: Lachen. Das erste Buch, das den Irrsinn der Service-Welt aus der Sicht der Leidtragenden schildert.